国家出版基金项目
NATIONAL PUBLICATION FOUNDATION

中国出版家丛书
ZHONGGUO CHUBANJIA CONGSHU

中国出版家
吴朗西

Zhongguo Chubanjia
Wu Langxi

柳斌杰 主编　孙 晶 姚福申 著

人民出版社

出版说明

出版不仅仅是一个充满竞争的商业领域，同时，它也深深打上了"文化"和"思想"的印记。在这个文化场域中，交织着多种力量的动态关系，通过出版物的呈现和出版活动的开展，描绘了一个时代的文化风貌；而回旋折冲于其间者，则是那些幕后活跃、台前无闻的各类出版人。他们自喻"为他人做嫁衣裳"，事实上，却是国家文化传承和历史记录的主要担当者，有出版发展的参与人和见证者甚至称他们所起的作用为保存民族记忆的千秋大脑。虽然扼据出版要津之地，却少见自家行当的人物传记出版。本丛书是第一次规模化地为这个群体中的杰出者系列立传，从一个人到一群人的出版事功中，折射出近代以降出版业的俯仰变迁，同时也见证着出版参与时代文化思想缔构及其背后深广的社会历史内容。那些曾经彪炳于时的出版人，一方面安身于这个行业，以其敏锐犀利的时代洞察力，在市场、经营与创意中躬行实践，标领乃至规划了这个行业的发展，并使之成为国民经济的一个重要门类；另一方面又在"安身"之外，显现出面向社会的公共性关怀与"立命"的超越性关怀，从职业而志业的追求中，服务于民族解放、思想启蒙与文化进步的社会性经营，书写了出版人生的风采、风骨与风流。

本丛书所传写的30余位出版人，均为活跃于20世纪并已过世的出版前辈。中国古代也曾涌现了陈起、毛晋等出版大家，只是未纳入本书的传主范围。丛书在体例上，有单人独传与多人合传之分，但这并不必然意味着对传主出版贡献及其历史地位的轻重判别，许多情况下的数人合传，乃困于传主史料的阙如而不得已的选择，某些重要出版人如大东书局总经理沈骏声、儿童书局创办人张一渠等，也囿于同样情形而未能列入本丛书的传主名单，殊觉憾事。虽说隐身不等于泯灭，但这个行业固有的幕后特征多少带来了出版人身份上的隐而不显、显而不彰。本丛书的出版，固然是想通过对前辈出版事迹的阐幽发微、立传入史，能让同样为人做嫁衣者的当今出版人不至于觉得气类太孤，内心获得温暖，并昭示后来者在人生目标上，在家国情怀上，在出版境界上，追步于前贤，自觉立起一面促人警醒自鉴的镜子；同时更希望通过一个个传主微历史的场景呈现，让更多的人认识到出版在产业之外，更是一项薪火相传的社会文化事业，它对时代文化的接引与外度，使其成为一种任何人都不可忽视的"势力"，在百余年来的社会发展进程中，发挥了不可替代的作用。

故此，我们推出这套"中国出版家丛书"，以展示中国文化创造者的风采，弘扬他们的优良传统和崇高的职业精神，发掘出版史史料，丰富出版史研究和编辑史研究。

"中国出版家丛书"编辑委员会

人民出版社编辑部

二〇一六年四月

目录

前　言

出版物是人类文明成果得到积累、文化传统得以流传的重要载体，出版人则是这一工作系统中的重要一环，承担着民族文化建设、国民精神涵养、人类文明传承的重要责任。

从清朝末年起，中国现代出版业开始呈现一种快速发展的崭新面貌。来自西方的印刷技术的普及，以及 20 世纪初中国民族工商业的蓬勃发展，各种新思想的汇聚，都极大地推动了出版社、杂志社的迅速崛起，许多新式出版机构脱颖而出，成为引领时代的弄潮儿。一大批优秀的出版机构，通过自己的图书、期刊，为民众带来了多样的阅读选择，极大地拓展了人们看世界、看人生的视野。

在这些知名的出版机构中，有商务印书馆、中华书局、开明书店、生活书店这样一类大机构，它们人才济济，编辑、印刷、销售可以说做到了全流程覆盖，不仅市场规模方面堪称业界翘楚，所出的图书品质也十分令人赞叹。同时，也有一些中小出版机构，它们的当家人虽然也考虑生存与市场，但更将文化与志趣作为事业追求的前提。

他们总是殚精竭虑，想方设法将作品本身的价值与市场效益融合在一起。在实际操作中，他们充分重视作品的艺术品格与内在价值，也不忽略它的商品属性。他们常常另辟蹊径，或者在选题上选择比大书局更先锋的内容，或者在出版风格上更加独树一帜，从而以独特的出版风格赢得读者，占领市场。

其中就不能不提到吴朗西和他创办的文化生活出版社①。

吴朗西一生从事过许多编辑工作，但他最重要的贡献则是与友人一起创建了在现代出版史、文学史上有着重要影响的文化生活出版社。也正是就此而言，他堪称一位对中国现代出版史、文学史做出了独特贡献的优秀出版家。

之所以说文化生活出版社独特，是由于它不同于大型出版机构，甚至也不同于其他的中小型出版社，而是一群有着共同文化理想与人生理念的年轻知识分子创立的知识共同体。文化生活出版社"完全不同于一般书商经营，既非官办，又不是个人独资创立，也不是几位老板有意文化，投资合股经营，更非规章齐全的有限公司组织，仅是当时三个从事文化工作的青年，既不为名更不是图利，全凭忧国忧民之思以满腔之热忱，要在乱世中为祖国文化积累做点贡献。虽是'经商'，却视之为实现自己理想的事业，锲而不舍地埋头实干下去"②。

1931 年九一八事变爆发后，吴朗西与好友伍禅毅然放弃学业，离开日本，准备共赴国难。回国后迫于现状只得靠翻译外国文学作品谋生。1932 年一·二八事变后，吴朗西一度前往福建泉州平民中学

---

① 文化生活出版社创办于 1935 年，下文中有时简称"文生社"。
② 李济生编著：《巴金与文化生活出版社》，上海文艺出版社 2003 年版，第 39 页。

任教，在那里，他与伍禅、陆蠡、吴克刚等度过了难忘的岁月，也是在那里，他与三次南下的巴金有了更多的接触，后来这些人都成为创办和发展文化生活出版社最重要的核心力量。

1934 年初，回四川探望母亲的吴朗西接到女友柳静电报，要他返回上海，到她哥哥柳溥庆所在的三一印刷公司创办的《美术生活》杂志做编辑。在编辑《美术生活》的同时，吴朗西又与一群青年画家共同创办了《漫画生活》杂志。

在办杂志的过程中，吴朗西直面现实生活的编辑思想得到了进步作家的认可，他也因为这一岗位而认识了上海进步文化界的许多重量级人物。在茅盾的引荐下，吴朗西结识了鲁迅。鲁迅为《漫画生活》写了《说"面子"》、《阿金》等文章。当时除鲁迅、茅盾之外，巴金、老舍、胡愈之、王统照、张天翼、欧阳山、黎烈文、丽尼、靳以等进步作家也都曾为该杂志写过稿。

关于这本杂志，鲁迅曾特别向日本友人增田涉介绍说："《漫画生活》则是大受压迫的杂志。上海除了色情漫画外，还有这种东西，作为样本呈阅。"[①]《漫画生活》也因为它的进步色彩而受到了国民党检查机关的审查。

1934 年、1935 年，在中国现代出版史上被称作出版界的"杂志年"。这两年，世界经济大萧条，中国国内工商业也整体陷入不景气的局面。考虑到资金周转等问题，当时一般的出版社都不愿意出版单行本，尤其是文艺书籍，而把精力更多投入杂志与教科书的出版与发行。

---

① 鲁迅:《致增田涉》(1935 年 3 月 23 日)，《鲁迅全集》第 14 卷，人民文学出版社 1991 年版，第 569 页。

鲁迅在致孙用的信中也谈到这一时期出版界的状况："近来出版界很消沉，许多书店都争做教科书生意，文艺遂没有什么好东西了。"[①] 批评这个时期大型出版社过于注重商业利益而不顾文化发展的倾向。

也就是在这样一种出版业极其不景气的状况下，吴朗西与伍禅等一批年轻人聚到一起，创办了在中国现代出版史、文学史上都产生重要影响的文化生活出版社。

吴朗西他们希望"出自己想印的书，有益于人民的书为佳"[②]。启动之初缺少资金，得力于吴朗西的新婚妻子柳静拿出自己多年积蓄的 300 元，伍禅等友人也拿出了自己不多的积蓄，作为出版社的创社资金。

文化生活出版社创办后，吴朗西不仅自己积极投入出版社的工作，还不断地寻找自己的同路人与合作者，力邀巴金回国主编"文化生活丛刊"。当时，还在日本的巴金也正在努力寻找着释放自己生命火花的方式与途径，文化生活出版社的成立正为其一心奉献、不计报酬、不计名利的情怀提供了一个切实的岗位。他欣然接受邀请，出任文化生活出版社的总编辑。

不仅仅是吴朗西、巴金，文化生活出版社的几位主要参加者如伍禅、陆蠡、朱洗、毕修勺、吴克刚等也都有着共同的理想与追求。他们把"个人生命的开花"视为自己一生为之奋斗的价值取向，愿意为它无私地奉献自己的毕生精力，把主持正义、团结互助、无私

---

① 鲁迅：《致孙用》（1931 年 9 月 15 日），《鲁迅全集》第 12 卷，人民文学出版社 1991 年版，第 55 页。

② 吴朗西：《文化生活出版社的创建》，《新文学史料》1982 年第 3 期。

奉献看作是一种社会责任并身体力行。"文化生活出版社与一般商业性出版社不同，主要不是为了营利，吴朗西和巴金不向出版社支取薪金，所有股东从不分红，纯粹为文化事业作贡献。该社以宽阔的视野和兼收并蓄的态度对待人类的文明，尊重知识，更尊重进步的文化人。"①

对他们而言，从事出版更多是出于爱好与兴趣，重视文化的传播与文明的传衍，因此当他们找到编辑出版事业这一条传承人类文明、弘扬进步文化的切实可行的途径时，便不计私利、不讲报酬、忘我地投入工作，也正是在这份忘我中，使我们看到他们那种努力绽放自己生命火花的伟大精神。

吴朗西之所以倾心于安那其主义②，是因为安那其主义所提倡的主持正义、团结互助、克己奉献的精神，与他固有的人生理念十分吻合。他之所以长期以来靠近并支持共产党人及其革命事业，则是因为共产党人为最大多数人谋福利的崇高理想，符合社会正义的标准。他们为了革命前仆后继，不怕牺牲，充分体现了无私奉献的精神，这样的精神令他钦佩。

文化生活出版社从 1935 年 5 月成立，到 1954 年 7 月公私合营，前后约 20 年。在这 20 年中，出版了大量进步、健康、严肃、高雅的书刊，将许多优秀的世界名著介绍给我国的广大读者，同时也造就了

---

①　姚福申：《深得鲁迅先生晚年信任的出版家吴朗西》，《中国编辑》2006 年第 1 期。

②　安那其主义（英文名 Anarchism，也称作无政府主义），源起施蒂纳、克鲁泡特金等人的思想学说，其核心是强调对人的自由的尊重，提倡自我牺牲，主张互助、友爱和献身精神，但否认国家存在的合法性和合理性，试图建构乌托邦的理想社会。这种思潮在 20 世纪二三十年代军阀统治时期，很容易吸引对现实不满、苦闷彷徨，又对美好社会充满幻想的青年知识分子，可以说是当时具有重大影响的社会思潮之一。

一大批追求光明、有着文学理想的年轻作家和翻译家，为中国的文化事业做出了不可磨灭的贡献。正如萧乾所说："在中国出版史上，'文生社'永是一颗明星，一个'五四'以来办得最成功、影响最大、推出的作家最多的同人出版社。"①"如果当时没有开明、北新、良友、文化生活、海燕这样一批体现知识分子人格的出版社，那么三四十年代的中国现代文学史将会改写。"②

文化生活出版社推出了一系列可以载入史册的优秀作品，而中国现代文化史、文学史上一大批卓有影响的学者、作家也大都选择了它，成就了它在新文学传播和外国文学翻译方面的突出地位。这些成绩是吴朗西、巴金、丽尼、陆蠡等所有同人共同努力取得的，而作为创办人并多年出任总经理的吴朗西的贡献也是不言而喻的。

1954 年，公私合营后的文化生活出版社合并入新文艺出版社，吴朗西也开始了新的工作。尽管他的工作单位几度变更，办公地点也变过多次，但他从事外国文学编辑工作这一点却始终没有改变。直到 1966 年"文化大革命"前，他一直负责除了苏联文学作品以外的其他外国文学作品的二审和通读全稿工作，同时还承担了德国、日本、越南、朝鲜、中亚及非洲等国家和地区文学作品的组稿、审稿、发稿等任务。

同事们尊重这位老出版家、老翻译家，称他为"吴老"，始终把他当作可亲的朋友。在同事们的眼中，"他虚怀若谷，平易近人，绝不摆老资格，绝不在口头或文字上吹嘘他和文坛大作家的来往以及他

---

① 转引自李济生编著：《巴金与文化生活出版社·跋》，上海文艺出版社 2003 年版。

② 陈思和：《试论现代出版与知识分子的人文精神》，《复旦学报（社会科学版）》1993 年第 3 期。

自己对进步的文学出版事业的贡献"①。的确，吴朗西对于自己做过的工作，很少主动提及，包括在 20 世纪 40 年代他以华东美术印刷厂的名义，掩护党的大批印刷物资的事，也是后来才慢慢为人所知。

吴朗西是一个有着浪漫理想、开阔眼光、踏实实践的出版人。在吴朗西的一生中，他不仅通过与友人共同的出版事业来实现"生命的意义在于付出、在于给予"的理念，还不断地从现实生活中汲取新的精神营养，并希望经过自己的消化后反哺社会。

吴朗西晚年仍不忘为社会做贡献。1981 年，当他得知泉州黎明高级中学（他曾任教的平民初级中学的兄弟学校）已经恢复，改为黎明学院，正需要社会人士资助，他便立即带头，将自己珍藏已久的商务印书馆百衲本《二十四史》及许多其他书籍捐赠给黎明学院图书馆，并发动上海出版界的朋友们捐赠，得到了许多人的响应。

1987 年，上海立达学园校友会成立。此时吴朗西的帕金森病已日益严重，只能躺在床上，但他对社会的责任感却始终未见减退。他对立达学园校友会寄予很大希望，希望它能成为校友们发挥余热、为社会做些实事的舞台。

晚年吴朗西在日记中写道："昨晚看电视剧《家风》，很感动。这家风，这美德，很难学，但应该学，这是理想。看此剧时，使我想起我的父亲，他三岁丧母，七岁丧父，由长兄抚养成人。他刻苦勤奋学习幕业，三十岁时才和我的母亲结婚。母亲也是幼年丧母，寄住在姑母家中，勤奋操作。他们结婚后，白手起家。大伯父死了，父亲赡养寡嫂子侄，大嫂病逝后，将两个侄子接来，认真培植……二伯母死

---

① 孙家晋：《悼念吴朗西先生》，上海鲁迅纪念馆编：《吴朗西先生纪念集》，上海文艺出版社 2000 年版，第 46 页。

后，又将二伯父之女接来家中，这也是我父亲的家风，我现在虽已虚岁八十，还应学习这家风。"

吴氏家族的门风对吴朗西有深刻的影响，他将第二个儿子取名为"念祖"，便含有对祖辈团结互助、患难与共家风的诸多眷恋。他还将家族中的互助、奉献精神，扩大到了朋友之间，乃至社会上人与人之间。他对陆蠡、郎伟、汤独新等人及其家属的帮助，以及对自己所投身的事业，如泉州平民中学、文化生活出版社、沙坪坝消费合作社，无不体现了这样一种彼此之间的互助精神，以及对社会文明与社会进步的无私奉献。

"作为现代出版界一家独具风格、独树一帜的出版机构，文化生活出版社不仅在经营上开创了一种新型的人际关系，在具体的出版物的编辑方面也具有其独特的编辑特点"①，这就是以文化建设为己任，立足于文学本体，用纯文学作品打动读者的心。他们绝不媚俗，始终以纯正的文学创作为依托，赢得读者的尊重和出版的尊严。

而在为了出版事业奉献自己、燃烧自己的过程中，吴朗西他们遭遇了许多难以想象的困难与曲折。其间有面临经济困难时的窘迫，有理念背离之际的矛盾与误解，有汗水也有泪水，更有同人付出了自己的生命。然而，无论战时生活多么困顿，出版业如何萧条，编辑工作面临多少磨难，他们的精神永远不曾迷失，心灵也永远充满着对未来的希望。在每一部作品的出版过程中，文化生活出版社同人都付出了心血与汗水。不仅在书籍的质量方面尽力保证"没有一本读者读了一遍就不要再读的书"，更通过一切办法（包括降低成本等）来使普通

---

① 孙晶：《文化生活出版社与现代文学·绪论》，广西教育出版社1999年版，第8页。

大众都能去拥抱精神世界的美好。

　　吴朗西和巴金等文化生活出版社同人，以自己的努力在中国现代文化史、出版史上镌刻下了自己的烙印与难以磨灭的痕迹。而他们对于出版事业的奉献精神与钟爱之情，在今天这个时代也给予我们不断前行的力量。

第一章

"理想之路归诸足下"

——崭露头角的青年吴朗西

一、走出夔门

1904 年 10 月 6 日（农历八月廿七日），吴朗西出生于四川开县。父亲吴绍庚，母亲白婉贞。

吴朗西三岁时，父亲吴绍庚跟随开县知县广敦甫调到达县县署任职，因此吴朗西大部分的童年时光是在达县度过的。在家庭里，母亲白婉贞给了他最初的教育，告诉他"你的父亲是白手起家啊"。"白手起家"四个字在吴朗西幼小的心灵里留下了深刻的印象，也为他一生的努力奠定了锲而不舍的心理基础。

在达县的时候，吴朗西开始读书认字，启

蒙老师便是父亲吴绍庚。吴绍庚有维新思想，他教吴朗西发蒙识字，最初读的不是《三字经》、《百家姓》，而是《说文解字》和《澄衷蒙学堂字课图说》。

吴朗西的童年教育不仅来自父亲，还与他的两位堂兄有关。因为大伯父、大伯母相继去世，吴绍庚便把他们的两个孩子接到达县，两位堂兄也就成了吴朗西最好的伙伴。

从他们那里，吴朗西接触到了戏剧，接触到了一点儿也听不懂的洋文。一次，吴朗西在堂兄吴玉森的桌子上看到一本英文老师送的故事书《老鼠嫁女》，被深深地吸引了，便缠着吴玉森讲给他听。书中那些曲折、动人的故事，为吴朗西打开了一个新世界。令人伤感的是，吴玉森由于肺病，不久就病逝了。但他打开的一扇窗，却照亮了吴朗西未来的人生之路。

除了吴玉森，童年时代的吴朗西还有一个喜欢的先生兼友伴，就是他的幺叔吴芷渔。吴朗西最初拜过一位当文书的冯师爷为老师，但他后来去了成都，而吴芷渔来家同住，遂拜他为师。吴芷渔后来参加了革命，辛亥革命胜利后归来，在军政府任职。

父亲吴绍庚的幕僚生涯也因 1911 年辛亥革命的爆发而终结，全家迁到了重庆，住在重庆对岸的江北县。此时的吴朗西被送去一所私塾读书，直到 13 岁时，进入江北县立高等小学就读。

江北县立高等小学虽然只是一所小学，却藏龙卧虎。国文教师中，一位是出自桐城派的陈季高先生（后来任四川大学文学院院长），一位是校雠学家向宗鲁先生（后来任四川大学中文系主任），他们给学生讲解《汉书·艺文志》、《古文辞类纂》、《资治通鉴》等，让孩子们有了扎实的古文阅读与写作的功力。

而对吴朗西而言，在县立小学更大的收获是他得以经受五四新文化的洗礼。他在晚年回顾自己的人生之路时，一再强调自己是"受五四运动爱国主义和新思潮新文化影响而成长起来的青少年之一"。

1919 年 5 月，五四运动在北京爆发，并在全国范围产生广泛影响。四川也不例外，江北县立高等小学的学生们也加入游行的队伍中。这时候的吴朗西则脱出了故纸堆，去寻找、去阅读一切可能找到的新书籍、新报刊。《新青年》、《民生》、《湘江评论》上的文章，和《共产党宣言》等革命书籍强烈地冲击着他、震撼着他。

与全国其他地区一样，这一时期的四川盛行安那其主义，年轻的吴朗西自然也受到其影响。它那"平等、互助、自我牺牲"的伦理观和道德法则，不仅深深地感染了吴朗西，也为他与未来事业的合伙人伍禅、巴金、陆蠡等奠定了共同的思想基础。

这期间，在吴朗西读过的印象最深的书中，有一本叫作《极乐地》。《极乐地》的署名作者哀鸣也是一位安那其主义者，在江西创办过新村，他在书中描述了人类理想社会的样貌，给吴朗西带来了极强烈的冲击。另一本深刻影响吴朗西的书，则是《共产党宣言》。同时，在《新青年》杂志上，他还读到了鲁迅、周作人的作品，对新文学运动有了直接的感受，也对这些新思想有了初步的认知。

小学毕业后，吴朗西进入巴县县立中学求学。

巴县是《革命军》作者邹容的故乡，邹容的事迹对吴朗西这样充满理想的青少年有着巨大的精神感召力。而在现实生活里，更有一位中学教师陈小我组织的学习会，在当地风靡一时。

陈小我在重庆联合中学任教，他成立了当地第一个安那其主义团体"适社"。吴朗西与许多青年都是热情的参与者，他们在一起讨论如何"冲破恶劣的旧环境，改造美善的新环境，来适应人类全体生存的要求"。

不过，吴朗西在巴县县立中学就读的时间不长，他后来抱着工业救国的理想，转入川东甲种工业学校学习。

此时重庆的学生们，都渴望着去巴黎勤工俭学或者是去苏维埃俄国学习。吴朗西的两个好朋友李天宇和杜小马设法乘船离开四川，去了上海。而吴朗西却由于家人的阻止，未能成行。但最终，父亲还是同意了吴朗西的要求，托友人魏翊丞带他到上海读书，母亲则卖掉了一副金手镯为他筹得路费。

就这样，17 岁的少年吴朗西像当年的李白一样，走出夔门，走进了更广阔的天地。

1921 年的暑假，吴朗西来到上海。上海，这一中国近代出版的重镇，从此成为出版人吴朗西人生中最为重要的一个城市。

初到上海的吴朗西言语不通，路也不熟，但他没想到的是，自己居然误打误撞地找到了同学邬祥礼的住处。然而，见面的惊喜却抵不过一个坏消息的冲击。从邬祥礼那里，吴朗西得知了李天宇的情况，他因为在虹口公园散发传单而被捕入狱，关在提篮桥监狱。吴朗西和邬祥礼前去探望时，李天宇已是骨瘦如柴，没过多久即死在狱中。

杜小马则在哈尔滨滞留多日而无法前往苏联，冬日天寒却无力置办冬衣，只得抱病返回上海，打算回到重庆，不久也病故了。

短短的时间内，两位好友相继离世，这使吴朗西的心情久久不能平静。然而，虽然心中难掩伤痛，但该读的书还是要读，该上的学还是要上。

吴朗西在上海首先进入私立澄衷中学就读。

澄衷中学建成于 1900 年，由清末企业家叶澄衷出资创办，开中国人自己兴办班级授课制学校之先河。办校之初，聘请著名教育家蔡元培为代理校长，历任教师有丰子恺、钱君匋、杨天骥、杨荫杭等。社会名流陶行知、章太炎、李公朴、陈鹤琴、马寅初、林语堂、章乃器、夏丏尊等曾到学校演讲、讲学。

在澄衷中学，吴朗西对学校中的英语和世界地理两门功课最感兴趣，尤其是地理老师项远村让吴朗西感到获益匪浅。项远村后来去了福建，担任银行顾问，抗战期间吴朗西去福建与黎烈文共建改进出版社之际，又再次见到了昔日的老师，并有愉快的合作。

在澄衷中学，吴朗西还阅读了大量文学作品，他对革新后的《小说月报》以及创造社成员郭沫若、郁达夫的作品十分喜爱。

在同学中，吴朗西与同班同学杨挹清比较接近。十余年后，吴朗西创办文化生活出版社时，杨挹清也成为出版社的工作人员，两人的友谊保持了一生。

不过总体来说，澄衷中学的空气还是比较保守的，直到 1930 年，澄衷中学的国文考试题目还是旧时的策问式，对此杨贤江便曾撰文《国故毒》予以抨击。同样曾经就读澄衷中学的胡适也有体会，后来胡适也因此转去其他学校。

一个偶然的机会，想转学的吴朗西得知吴淞的中国公学招生，还听说教员中有沈仲九和孙俍工二位先生。早在四川的时候，吴朗西就读过沈仲九主编的《浙江潮》和《星期评论》，在《小说月报》上读过孙俍工的小说。因此，吴朗西十分兴奋，他即刻开始补习代数与几何，全力以赴投入插班生的考试。

1922 年春，吴朗西如愿以偿，顺利进入中国公学中学部。

二、第一次办书店

在中国公学读书期间，除了教师沈仲九外，还有一位教员对他的影响非常大，那就是——匡互生。

沈仲九是吴朗西的国文老师，他也信仰安那其主义，因此吴朗西和他很是投缘。沈仲九经常向吴朗西提到一位在宜兴创办新村的匡互生——在五四运动中第一个冲进曹汝霖住宅，火烧赵家楼的风云人物，吴朗西得以在老师家中见到了他。

除了有缘结识匡互生外，吴朗西还在沈仲九家见到了吴克刚。

吴克刚也是沈仲九的学生，中国公学毕业后进入上海大学，1923年曾陪同苏联诗人爱罗先珂赴京，住在鲁迅家中。他与沈仲九合办了安那其主义杂志《自由人》，1925年在巴黎与巴金、卫惠林等人相识，共同探讨安那其主义的精神。回国后，吴克刚到福建泉州出任黎明高中校长，再次与吴朗西等一批老朋友聚在了一起，为了人生的理想付出、奋斗。吴克刚后来也是文化生活出版社的重要支持者、合作者，他翻译了爱因齐的《纳粹铁蹄下的欧洲》，还主编了一套"战时经济丛书"。

吴克刚当时正在跟随商务印书馆《东方杂志》编辑、上海世界语学会负责人胡愈之学习世界语，吴朗西便也跟着胡愈之学习。因为这一因缘，吴朗西也先后结识了世界语学者、日本友人饭森正芳和苏联诗人爱罗先珂。

饭森正芳和爱罗先珂这两位爱好和平的朋友，他们为了理想献身的美好品质，温暖了初学世界语的青年吴朗西的心。同时，与这些朋友的接触，也使得吴朗西与文学的距离越来越近了。

1923 年夏，吴朗西在中国公学中学部毕业后北上。他想报考北京大学英文系，可惜未被录取，此后在北京大学英文系旁听数月。学习外语令吴朗西得到了获取国外先进思想和知识的工具，这为他以后的事业奠定了良好的语言基础，也使得他具备了世界性的出版格局与眼光，文化生活出版社最初一批选题都与翻译作品有关。

之后，吴朗西决定去杭州，报考之江大学。

做出这一选择，固然因为"当时觉得之江大学地方风景很好"，但也与他少年时代起即喜欢的创造社核心人物郁达夫分不开，郁达夫便毕业于之江大学。

最终，吴朗西被之江大学附属的高中部高三年级录取。

在这里，他的同班同学有陆圣泉（笔名陆蠡）、许天虹（笔名白石）、吴金堤、汤笃信（后改名汤独新）等，他们志趣相投，成为一辈子的知己好友。陆蠡、许天虹、吴金堤更成为吴朗西创办文化生活出版社的重要助力者。

晚年吴朗西深情地回忆了这段求学岁月，他说：

　　我们五人下课后经常到江边去游玩。明月之夜，夜自修后，多半到宿舍前的草坪上散步，赏月，聊天。星期天，有时到九溪十八涧去玩。兴致好的时候，就翻山越岭，到龙井、西湖上去。大家玩够了，再由白堤、苏堤沿着经过虎跑到钱塘江边的那条道路跑回学校。①

---

　　①　吴朗西：《记文化生活出版社的人和事——怀念陆圣泉》，《出版史料》1982 年第 3 期。

几个年轻人对待功课毫不马虎，而且各有所长。陆蠡的作文往往名列第一，许天虹在英文讲演比赛中夺得了高中部的冠军，吴金堤则常常是期中考试的第一。吴朗西和汤独新也不弱，都有不错的成绩。

但是，之江大学一些专制的做法与条例还是让这些年轻人感到了压抑与束缚。先是年龄最小的陆蠡因在宿舍取暖烧焦了地板而被处分，接着吴朗西因同情参加五卅反帝爱国运动的学生与学监发生冲突，于是他决心离开杭州，重返上海。

吴朗西回到上海之际，匡互生已在淞江创办了立达学园，并在江湾火车站旁建了新校舍，实行教育与生产劳动相结合的教育改革。当他听说吴朗西想要开办一间小书店的想法后，很是支持。

于是，吴朗西拿出父亲寄来让他回家的 100 元路费，邀约同学雷雨、高云章合伙在立达学园附近租了一家店面，经销书籍、文具用品，还兼售一些糖果、杂货。

吴朗西白天去市区进货，晚上拼命自学英语，他想通过商店经营赚到钱，待有机会就去报考大学。开办书店的这一经历可以说是吴朗西从事出版事业的一段前奏，也是他锻炼自己经营能力的一次演练。

不过，事实并不如人所愿，由于书店本小利薄，生意与原来的设想差距很大，经营状况一般，难以为继。无奈之下，吴朗西只好关门歇业，另谋出路。吴朗西听说日本的穷苦学生常常一边卖报一边读书，便想仿效。于是，他决定勤工俭学，去日本读书。

第一次的创业虽然失败了，但也就是在这个时候，吴朗西结识了在立达学园上学的柳静，这位人生知己将在他未来创办文化生活出版社的事业中，扮演无比重要的角色。

关于两人的相识，柳静的好友陶瀛孙有一段回忆：

1925 年夏，我插班考进了立达学园初中二年级，一位同学引起了我注意。矮矮的身材，大大的眼睛，她就是柳静。她比我大三岁，而班次却还比我低一级。那是因为她早年丧母，家贫，她父亲重男轻女，让她过多的承担家务耽误了上学。"穷人的孩子早当家"。她很懂事，勤俭节约，诚恳待人，在同学眼里是公认的一位可亲的大姐。我很快和她成为好友，课余常一起到校外散步。一次，我俩看到在离学校不远的地方新开了一爿文具用品小商店，我们便进店看看，站柜的是一位四川口音的青年。一回生，二回熟，我们和那位青年熟悉了，知道他准备到日本留学。我们很尊敬他，觉他很有志气，这位青年就是吴朗西。①

1925 年 10 月中旬，吴朗西带着不多的一点旅费，乘船前往日本。

在船上，一位华侨告诉吴朗西，在日本白天送报、晚上进学校读书的，除了本国的学生而外，还有少数朝鲜学生，但几乎没有中国学生做这种工作的，而且吴朗西一句日语也不会讲，更加没有这种可能。这番话，可以说让原本对留学生活充满期待的吴朗西顿时心凉了半截。

幸运的是，吴朗西在上海结识的饭森正芳先生不仅热情地接待了他，还竭尽所能地帮他筹划安排生活和学业。更关键的是，饭森先生在离开大岗山返回大阪之际，特地介绍了两位朋友给吴朗西，一位是秋田雨雀，一位是辻润。

他们二人都是日本有名的文学家，对吴朗西这位异国青年给予了无

---

① 陶瀛孙：《忆念朗西兄柳静姐》，上海鲁迅纪念馆编：《吴朗西先生纪念集》，上海文艺出版社 2000 年版，第 39 页。

私的帮助与关心。一年后，吴朗西离开大岗山，和几位中国同学在杂司谷租了一幢屋子。后来，杂司谷附近失火，秋田雨雀很是担心，在严冬的深夜赶去看望，这令远在异国他乡的吴朗西感受到了无限的温暖。

除了这些前辈的照顾，吴朗西还在日本留学期间交到了一批好友，其中有张景、张易兄弟，有伍禅、黄源、陈瑜清等。这些朋友在未来文化生活出版社的事业中都发挥了不同的重要作用。

对此时的吴朗西来说，面临的困难很多，但最大的难处还是在于学费。这时他的父亲再次显示出了开明与宽容的气度。他不仅没有责怪儿子跑到日本，抗命不回家，还叮嘱他既然有志气深造，家里一定全力支持，会尽快寄100日元给他，以便他安心准备考大学。

有了父亲的支持和接济，吴朗西集中精力读书，全身心投入考试。1926年4月，吴朗西考取了东京上智大学德文系。

总体而言，在日本求学的最初两年里，吴朗西的生活一直十分窘迫，学费一再拖欠。好在两年后，他有机会参加了四川省庚款官费生的考试。去使馆应试时，考试试题是有关日本文化方面的。他怀着一腔爱国热情，描述了五千年中国文明对日本文化的影响。结果出乎他的意料，居然考取了四川省留日庚款官费生，得到每月70日元的补助。这一下，不仅能保证他自给有余，安心读书，而且还可以帮到一些穷朋友。

吴朗西读的是德国文学，主攻课程是歌德研究。他的这一选择与创造社的另一位重要成员郭沫若密切相关。当时郭沫若翻译的歌德的《少年维特之烦恼》与施托姆的《茵梦湖》风靡一时，也深深打动了吴朗西，使得他对德国文学尤其是歌德的作品产生了浓厚的兴趣。

上智大学校长霍夫曼先生担任他们的德语老师。霍夫曼先生亲切又严厉，在他的帮助下，吴朗西的学业有了快速的进步。如果不是历史的风云改变了他以及许多人的命运轨迹，那么吴朗西完全有可能成为一名卓有成就的德国文学研究者。

然而，1931年爆发的九一八事变，惊破了吴朗西的学者梦。爱国激情使他义无反顾地舍弃优裕的留学待遇以及即将到手的文凭，和好友伍禅一起离开东京，回到灾难深重的祖国。[①]

三、钟情翻译

吴朗西的兴趣十分广泛。

在日本求学期间，他醉心于德国文学，系统阅读了歌德、席勒的作品，又通过英文、德文、日文的译本，阅读了托尔斯泰、普希金、陀思妥耶夫斯基、契诃夫的诗歌、小说，还有许多当时新兴的苏联文学作品。

尤其是苏联的文学作品，仿佛为他打开了一个新天地，让他更多地了解了世界，认识了真理。在日本，苏联文学的英、德、日文译本很多，于是，吴朗西开始利用业余时间翻译一些苏联小说。

吴朗西在中国公学的一位同学夏坚白，当时在清华大学土木工程系读书，与同学合办了一份杂志，名叫《现代中学生》，想介绍一些苏联的文艺作品。吴朗西参与了这项工作，不仅通过德文转译了一些短篇小说，还从英译本中转译了长篇小说《布鲁斯基》（英译名：

---

① 参见艾春、丁言昭：《吴朗西的编辑生涯》，《编辑学刊》1986年第2期。

Bruski)。遗憾的是，小说还没有连载完，这本杂志就停刊了。

不过，吴朗西对于苏联文学的关注却并未因此而减少。

一次，他在丸善书店买到一本苏联作家伊林《五年计划的故事》的英文版，看后异常兴奋。这本文句通俗、生动有趣的小册子，使他对苏联这个新兴的社会主义国家充满敬意。于是，他不顾时局气氛，开始动手翻译这部书。

当时，有些朋友问他为什么会选择翻译一本宣传苏联的书。

他坦率地回答说："我对苏联实行的无产阶级专政不大了解，但五年计划是好的，是有益于人民的。不妨让中国人了解。"[①] 不久，他便把译稿的目录及第一章的译文寄回国内，交给上海新生命书局。

《五年计划的故事》不仅得到了出版社的赏识，也受到了读者的喜爱，引起很好的社会反响。连载过后，新生命书局又于1931年12月出版了单行本（最终的两章由陆蠡完成）。

时任新生命书局总编辑的樊仲云还特别写了一篇序言，介绍这本书。他说："这不仅使一般人能够对五年计划有正确的了解，知道资本主义的政治经济社会与社会主义的政治经济社会之不同，且足供我们编辑教科用书的参考，打破以前一切断片的，杂凑的，思想内容混乱而无系统的弊病。"不仅如此，新生命书局还为此书配上插图，从而使这本书图文并茂，在读书界掀起了一股"伊林热"。

这一时期，中国出版业在书籍装帧方面也有了飞速进步，作为书籍装帧重要元素的插图，也运用得更加普遍，类型上也日渐丰富。除了传统的版画外，书籍中还用到照片、漫画、油画、碑文拓片等多种

---

① 转引自艾春、丁言昭：《吴朗西的编辑生涯》，《编辑学刊》1986年第2期。

类型的插图，用以提高书籍内容的表现能力。吴朗西自己的书有了如此好的包装，也让他对出版、对图书有了进一步深切的感受。事实上，文化生活出版社的装帧风格从一开始便能够独树一帜，显现出鲜明的特色。

第一本译作出版后，吴朗西又开始翻译德国作家路易棱的《战后》。本来，沿着这条道路继续耕耘，他会成为一个很出色的文学翻译家和研究者。不过，命运没有安排他走这一条路。日益逼近的战火，中断了他的翻译计划，这本书最后也未能面世。德国浪漫主义诗人的伟大作品培养起青年吴朗西强烈的社会责任感与浪漫的爱国主义激情，既让他充满信仰与理想，也不断引导他走向实际工作，走向社会活动，走向那成就了无数好书的出版事业。

吴朗西此外还翻译过一些作品，包括挪威漫画家奥纳夫·古尔布兰生的作品，在《漫画生活》上连载，但后来因为筹建文生社，便没有翻译下去了。直到20世纪50年代，他为了让更多的读者看到古尔布兰生的漫画，才挤出时间，译出了他的《童年与故乡》，该书由丰子恺书写文字，出版后广受好评。

吴朗西还曾经买到一本著名德国漫画家卜劳恩的《父与子》。看过之后，他觉得这本书很有趣，就又买了一本送给鲁迅。鲁迅看了，也被这些有趣的漫画惹得笑起来。

吴朗西回忆说，鲁迅一直鼓励他继续搞翻译，对他说："这本书蛮好嘛，你应该翻译下去！"又说："你曾经搞过亨利·遮勒的《柏林生活素描》，这个办法我也很喜欢，你还可以再编一本嘛！"吴朗西回答说："我因为搞了文化生活出版社，主要差不多变成一个生意人了。所以现在差不多读书的时间也没有了。"鲁迅又说："这样不行啊！当然，书生是做不好事情的，但是你本来是读书的，我想你应该抽些时间来嘛！这套丛书我可以给你编，你也可把这二本搞下来。"①

遗憾的是，鲁迅先生在不久之后便因病去世，编辑丛书这一设想最终也未能实现，但吴朗西心中一直没有忘怀翻译。

20世纪50年代初期，吴朗西在出版社的日常事务极度繁忙，编辑工作非常劳累。这期间，他每天凌晨之后才休息，四五点钟就起床，编稿，审稿，把全部精力放在工作上，比如《战争与和平》一书就审校了三遍。但是，吴朗西始终没有放下对翻译的热爱，每晚仍然坚持看书，坚持翻译。他由德文转译的苏联K.朱可夫斯基著的《好医生》1949年在开明书店出版单行本，1950年4月再版。同年9月，他翻译的苏联A.托尔斯泰改作的《无赖的母山羊》和苏联北方民族故事《金角鹿》，在文化生活出版社出版。

可以说，虽然吴朗西后来创立了文化生活出版社，主要从事出版工作，但他并没有丢掉自己的翻译梦，这个梦始终深深地植根于他的心中。

1972年秋，已经68岁的吴朗西自奉贤海滨"五七"干校奉调返沪，先后在上海人民出版社、上海译文出版社参加集体编译组，翻译有关国际问题的图书，长达四年之久，共译有：《田中角荣传》、《吉田学校》、《角福火山》、《故乡》（日本电影剧本）等多种，均由上海人民出版社出版。此后，他又陆续翻译了《伊索寓言》、《日本民间传说》、《女风神的恶作剧》等作品。

除了这些具体的翻译作品之外，我们还可以从他晚年与好友陈瑜

---

① 参见吴朗西：《追忆几件往事》，上海鲁迅纪念馆编：《回忆鲁迅在上海》，上海书店出版社2017年版，第355页。

清的通信中，见出他对翻译工作的热忱与执着。

陈瑜清是吴朗西青年时代就熟悉的老友，1956 年调往浙江图书馆从事外文图书分编，直至退休。吴朗西拟翻译法布尔的《科学的故事》，曾专门致信陈瑜清，就需要外文译本的事向他求助。

吴朗西在其中一封信中写道：

> 我现在从日译本转译法布尔的《科学的故事》。此书过去开明书店出版过，宋易的译本，我想找来看看，但找不到。出版社图书室中也没有。另外，我还想找英文译本。因此，只好麻烦你了。现把两书开列如下：
>
> 1. 法布尔著 《科学的故事》 宋易译 开明书店出版
>
> 2. Jean Hensi Fabre: *The Story of Science*，N. Y. Century.
>
> 我想浙江图书馆总会有此两书吧。是否可以代借给我一用。①

这本书最后没有译成。他在另一封信中写道：

> 日译本法布尔的《科学的故事》，我再仔细地和中译本对阅，发现日译者是太自由化了，可以说骨架是法布尔的，但内容是译著的肉，如果说声明是根据原作改写，那这个改写本是不错的，但明明白白写"译"。我考虑来考虑去，认为要对原作负责，这本书是不好重译，只好放弃。②

---

① 张蓉、陈毛英：《吴朗西给陈瑜清的信》，《出版史料》2011 年第 4 期。

② 张蓉、陈毛英：《吴朗西给陈瑜清的信》，《出版史料》2011 年第 4 期。上引两信均写于 1978 年。

从他与好友陈瑜清的上述通信中，我们能够看出直至晚年，吴朗西依然钟情于翻译，希望多译几种好书。而他对翻译文本的态度，更是体现了一位优秀翻译家的严谨，令我们肃然起敬。

四、杂志社新来的年轻人

虽然吴朗西怀抱一腔热情回到中国，但现实却让他大失所望。

当时国民党政府奉行不抵抗政策，满怀爱国激情的吴朗西不仅报国无门，找工作也很不顺利，一时间生活都没了着落。幸好结识多年的女友柳静在身边，给了他慰藉与鼓励，让他能够安下心来，依靠翻译维持生计。

这时的吴朗西，一面翻译《歌德传》，一面为《小说月报》撰写一些介绍德国文学的文章，一面思考自己的理想、抱负与未来。

1932 年 7 月，吴朗西应友人、福建泉州平民中学校长陈范予之聘，前往平民中学任教。泉州平民中学从校长陈范予、教务长叶非英到教员伍禅、陈瑜清、吴克刚、陆蠡等都是崇尚正义、甘愿奉献、追求民主自由的理想主义者，都是吴朗西志同道合的朋友。

20 世纪 30 年代初期，安那其主义在上海、广州等中心城市渐入低潮，一部分安那其主义者便来到远离中心城市的闽南泉州。秦望山等当地名士接纳了这些志同道合的伙伴，为他们提供了开展事业的平台。1929 年至 1934 年，黎明高中和平民中学开办时期，也正是安那其主义者在泉州开始活动的时期，泉州成为安那其主义运动的重要城市，平民中学和黎明高中逐渐成为安那其主义运动的重要阵地。

安那其主义运动能在泉州形成阶段性的高潮，其主要原因是叶非英到平民中学任教，起到了传播和推动作用，这在文史资料《安那其主义在泉州的活动》一文中有所记述：

> 由叶非英引进来的教员如吴朗西、伍禅、杨春天、陈范予、陆圣泉（陆蠡）等，也都是安那其主义者。[①]

在泉州平民中学期间，吴朗西负责国文和英文两门课程的教学。

当时平民中学的国文课未采用教育部门指定的教材，而是选用开明书店的"活叶文选"或自编教材。英文课，吴朗西选用外国文学作品授课，常为学生讲解世界文学名著故事，并善于联系历史与社会现象，讲得深入浅出，娓娓动人，使学生听得津津有味，易于理解与掌握。

课余时间，吴朗西还指导学生阅读法国和苏俄革命小说，组织读书会，交流学习心得，深得学生爱戴。他在作文教学中，鼓励学生从身边见闻与亲身感受入手，发挥独立见解。这样的教学方法新颖、科学，对学生树立正确的世界观、人生观、价值观产生了积极影响。此外，他还和其他教师共同创办不定期刊物，出版壁报，师生共同投稿，营造了平等自由的理想教学环境。

多年后，对于平民中学的教育理想和追求，吴朗西有过这样的追忆和评述：

> 这个学校可以说是名副其实的平民学校，学校没有一位工

---

① 苏秋涛稿，仲实整理：《安那其主义在泉州的活动》，《泉州文史资料》1962年第4辑。

友，清洁卫生、杂务工作都是由师生自己来做。住校的老师和寄宿的学生同住在一间寝室里面，伙食也由师生共同办理……我觉得这一切正是我所理想的教育方式，我们心情十分愉快。[①]

可以说，泉州平民中学与黎明高中以其独特的教育理念和办学形式成就了自己的特殊价值，不仅在中国现代教育史上具有重要意义，更在现代文化史上留下了抹不去的印迹。

陈思和教授这样写道：

> 我在写《巴金传》的时候，曾把上海文化生活出版社和泉州黎明高中都看作是三十年代一群知识分子对自己理想与信仰的实践方式。当时中国知识分子的最高理想不外是改变中国的命运，这当然是有多种实践方式，按儒家的话说，达则兼济天下，穷则独善其身，而从事出版和教育的这群有着坚定人生信仰的知识分子，正是在两者之间走出了第三种道路，他们把理想之路归诸足下，一步一个脚印地在布满荆棘的中国大地上实践着……[②]

巴金正是在这段时期，三次到黎明高中和平民中学探访朋友（1930年初至1933年）。也正是在泉州，巴金与吴朗西、陆蠡、丽尼加深了了解，结下了深厚的友情，并且有着对共同理想的展望与期待。

---

① 吴朗西：《忆平中》，泉州平民中学、晋江民生农校校友会编：《怀念集》第二辑，1987年印行。

② 陈思和：《永远的浪漫——怀念吴朗西先生》，《星空遥远》，广东人民出版社2018年版，第147页。

巴金为这些志同道合者写下了充满感情的文字，他赞美他们"都想把学校办得像一个和睦的大家庭，关上学校门就仿佛生活在没有剥削的理想社会。他们信任自己的梦想（他们经常做美丽的梦！），把四周的一切看得非常简单。他们甚至相信献身精神可以解决任何问题"①。

从某种意义上说，正是这些经历为吴朗西后来创办文化生活出版社奠定了坚实的思想基础与心理准备，同时也为他提供了至关重要的朋友圈、作者群的鼎力支持。

1933 年 10 月，吴朗西为探望生病的母亲，回到故乡四川。

临行之前，他与在南京的柳静相约，二人暂时分别，以后谁先有了安定的工作，就告知对方，到同一个城市一起生活。不久，柳静的哥哥柳溥庆在上海为三一印刷公司创办《美术生活》杂志需要编辑，柳静就发电报给吴朗西，要他回到上海工作。

这份电报，决定了吴朗西后来奋斗一生的事业。

吴朗西接到电报后，立即动身赴沪。1934 年初，吴朗西进入《美术生活》杂志社，柳静也辞去南京女中图书馆的工作，到杂志社担任会计总务。

《美术生活》的工作人员并不多。钱瘦铁负责编辑中国画，唐隽负责编辑西洋画，吴朗西负责外文方面的新闻图片的说明与一些图片标题的翻译。创刊不久，钱瘦铁去了日本，主要工作便由唐隽负责。没多久，唐隽也回到四川故乡去了，剩下的编辑工作便由柳溥庆、吴朗西、钟山隐等人负责。钟山隐本人是画家，擅长工笔画，与张大千

---

① 巴金：《怀念非英兄》，《巴金全集》第 16 卷，人民文学出版社 1991 年版，第 703—704 页。

等关系尤好，绘画方面的编辑工作均由他负责。吴朗西依然从事文字工作，编排业务先后由俞福祚、李旭旦等人负责。

在《美术生活》编辑部里，吴朗西虽然只是一个负责新闻文字的年轻人，但他依然尽最大可能吸收新知识，传播给广大民众。当时，《美术生活》每月支出 2000 元订购各种外国报刊和外文书，吴朗西便经常跑到中美图书公司购买欧美书，去壁恒书店购买德文书，再到内山书店购买日文书。这样，他接触了大量的外国资料，能够为中国读者快速真实地介绍国外政治、文化等各方面的内容，这其中既包括实时的新闻动态，也不乏对民众有益的知识。

文字之外，遇到好的美术作品，吴朗西也会及时关注，并编进刊物中去。比如，他买到德国漫画家卜劳恩的传世佳作——连环漫画《父与子》，觉得很有趣，就选了几幅刊登在《美术生活》杂志上。吴朗西也是第一个把这部经典漫画作品介绍到中国来的出版人。

《美术生活》是中国一流的大型美术杂志，采用了当时最新式的照相制版工艺和最先进的一次能印双色的平版印刷设备，刊物印刷精美。张大千、张善子、徐悲鸿、林风眠、黄宾虹等经常在《美术生活》上发表作品。此外，《美术生活》还刊登苏联木刻，如索洛成赤克的《高尔基像》、保夫理诺夫的《契诃夫像》、克拉甫兼柯的《列宁公墓》和《拜伦像》等，受到了喜欢版画的鲁迅的关注。

良友图书印刷公司的编辑赵家璧，为印刷《苏联版画集》，向鲁迅打听日本印刷厂的地址和印制工本费时，鲁迅在回信中就推荐了《美术生活》，并提出了具体建议：

就是印《引玉集》那样的大小，二百页左右，成本总要将近四元，所以，"价廉物美"，实际上是办不到的，除非出版者是慈善家，或者是一个呆子。

回寓后看到了最近的《美术生活》，内有这回展览的木刻四幅，觉得也还不坏，颇细的线，并不模糊，如果用这种版印，我想，每本是可以不到二元的。

我的意思，是以为不如先生拿这《美术生活》去和那秘书商量一下，说明中国的最好的印刷，只能如此，而定价却比较廉，否则，学生们就买不起了。于是取一最后的决定，这似乎比较的妥当。①

除了艺术作品外，《美术生活》还报道一些国外政治、文化方面的重要信息，选登一些揭露和讽刺当时社会现实的漫画，并为此开辟了一个名叫《怪理怪趣》的专栏，发表青年画家的漫画，产生了一定的社会影响。

但总而言之，《美术生活》主要还是一家艺术刊物，与社会现实离得较远。这与有着强烈社会责任感的吴朗西的理念是不一致的。因此，虽然《美术生活》的工作轻松，但他却希望自己可以做更多的工作，让生命绽放出火花。

在办刊物的过程中，他结识了一批有正义感的青年画家，如上海美专的学生蔡若虹、黄鼎，青年画家黄士英等。在理论上，这批年轻画家们主张漫画应是"一种严肃的人生批评，是一种含有社会性的绘画艺术"②。他们的稿件最初在《美术生活》的《怪理怪趣》专栏上发表，

---

① 鲁迅：《致赵家璧》（1936年4月8日），《鲁迅全集》第14卷，人民文学出版社1991年版，第71—72页。

② 士英：《怪理怪趣小说》，《美术生活》1934年第3期。

如《吃饭难》、《女性的崇拜》、《老板的狗》等，内容尖锐，都是揭露与讽刺社会现实的。

但是，这样的稿件多起来后，《美术生活》一时用不了，也没法多用，这批年轻人就与吴朗西商量，筹备办一个新的漫画刊物，利用漫画这门笑的艺术来揭露社会弊病，展示人间不平。这无疑也正是吴朗西所追求的出版理想。

当时的《美术生活》，铅字排印不是三一印刷公司做的，而是送到别的印刷厂去。刊物发行，则主要靠《新闻报》和一些书店，如开明书店、生活书店、上海杂志公司。由于工作关系，吴朗西与这些文化单位都很熟。于是，他凭着这些关系，与三一印刷公司商量，计划另办一个新刊物，命名为《漫画生活》。这个主张很快得到了文艺界、美术界的支持。

1934 年 9 月 10 日，《漫画生活》正式创刊。

吴朗西以编者名义撰写了《开场白》，用笔名"石生"翻译了日本冈本一平著《漫画论》一文，刊载于《漫画生活》第 1 期。后来，又以"静川"为笔名，撰写了《时事漫画略论》、《漫画家的素质》等文，先后刊载于 1934 年 11、12 月《漫画生活》第 3、4 期。此时，吴朗西由于将主要精力转移到《漫画生活》，正好友人丽尼供职的《大众小说》停刊，他便介绍丽尼进了《美术生活》编辑部，接替自己原来的工作。这样，丽尼也有了固定收入，能安心搞翻译了。

对于《漫画生活》的创办，蔡若虹曾说："也是夜晚，也是新秋时节，我们又遇见了，可是人数却不止两个，在谈话中知道大家都准备在漫画界燃起一个新的火把。于是我也在其中添加了一根小小的火柴。创刊号就这样开始了。"①

《漫画生活》在创刊之初，吴朗西作为主要编辑人员，负责编辑文学部分和外国漫画介绍，黄士英等几个人负责绘画部分的工作。《漫画生活》有一半篇幅用来刊登杂文与讽刺小品，作者都是著名的进步作家，有鲁迅、茅盾、巴金、老舍、胡愈之、王统照、张天翼、欧阳山、黎烈文、丽尼、靳以等。吴朗西也正是在组稿的过程中，与这些作家结下了深厚的友谊。

巴金曾经在与姜德明的谈话中，提及自己也给《漫画生活》写了不少稿子。

他回忆说："那是因为吴朗西当编辑的关系，是他向我约稿。当时鲁迅先生也给这家漫画刊物写稿，也是吴朗西去约的。当年除了漫画杂志以外，一些画报也每期发表文艺作品，包括小说。"② 姜德明颇有感触地说，这真是一个有趣的问题，今天的漫画刊物和画报若也能增加一些文学气氛岂不更好。

巴金的回忆让我们看到，当时文学前辈和朋友们对于吴朗西工作的大力支持，同时也让我们看到了吴朗西宏大的编辑视野，也正是这种眼界使他在后来创办文化生活出版社时能够海纳百川，集聚优秀作者资源，推出一流的好作品。

《漫画生活》共出版了13期，从第11期以后，吴朗西已开始忙于文化生活出版社的创建，不再负责《漫画生活》的编辑工作。

吴朗西从1934年4月参加《美术生活》编辑部，到1935年6月离开创办的《漫画生活》杂志，前后虽不过一年多时间，但在编辑出

① 蔡若虹：《为自己而歌》，《漫画生活》1935年第2卷第1期。

② 姜德明：《雨中访巴金》，《流水集》，上海远东出版社2000年版，第31页。

版方面取得了令人难忘的成绩，同时锻炼了才干，同社会各方面的联系也更密切了，为他在出版界站稳脚跟，开创更大的事业做好了准备。"更重要的是，他扩大了与作家们的联系。鲁迅、茅盾等前辈作家热情地给以他支持与信任，巴金、丽尼、陆蠡、索非、黎烈文、荒煤等同辈朋友给以他温暖的友情与帮助。他们志同道合，雄心勃勃，在这初步取得成就的基础上，向更大规模的事业目标迈进。"①

---

① 艾春、丁言昭：《吴朗西的编辑生涯》，《编辑学刊》1986 年第 2 期。

第二章

"那时，我们都有信仰"

——创办文化生活出版社

一、创业好友的火种

1934 年、1935 年，上海工商界处处弥漫着不景气的气氛。就出版而言，由于杂志比单行本容易卖，资金回款也容易，所以一般出版界与书商都愿意销售杂志，不愿出版单行本。当时，人们把这两年称为"杂志年"。

在这种大环境下，创作不景气，翻译更不景气。

1934 年 12 月 4 日，鲁迅在写给孟十还的信中便说："即使有了不等饭吃的译者，却未必有肯出版的书坊。现在虽是一个平常的小梦，也很难实现。"①1934 年 12 月 6 日，在给孟十还的另一封信中，鲁迅又写道："现在的一切书店，比以前更不如，他们除想立刻发财外，什么也不想，即使订了合同，也可以翻脸不算的。"②1935 年 2 月 18 日，鲁迅在写给曹靖华的一封信中更是直接指出："上海今年的出版界，景象比去年坏。"③ 即便是鲁迅这样的知名作家，想出版一套果戈理作品选集的愿望也难以实现，普通作者出书的难度更可想而知。

就是在这种萧条的文化气氛下，1935 年 9 月 21 日，《申报》上一条广告横空出世。

那是一条足有半版的大红套色广告，标题赫然醒目，介绍了著名作家巴金担任主编的"文化生活丛刊"，以及前六种的书目，它们分别是：约翰·史蒂尔的《第二次世界大战》（白石译）、纪德的《田园交响乐》（丽尼译）、高尔基的《俄罗斯童话》（鲁迅译）、柏克曼的《狱中记》（巴金译）、亨利·遮勒的《柏林生活素描》（吴朗西选编）和巴金著《俄国社会运动史话》。

这条广告不仅书目新颖（六本书中有文学作品，有社会科学著作，还有美术作品，内容严肃而新鲜），而且更重要的是有鲁迅、巴金这样的名家领衔，一下子使得整个出版界、读书界为之耳目一新。更令人关注的是广告中的发刊词可谓振聋发聩：

---

① 鲁迅：《致孟十还》（1934 年 12 月 4 日），《鲁迅全集》第 12 卷，人民文学出版社 1991 年版，第 579 页。

② 鲁迅：《致孟十还》（1934 年 12 月 6 日），《鲁迅全集》第 12 卷，人民文学出版社 1991 年版，第 582 页。

③ 鲁迅：《致曹靖华》（1935 年 2 月 18 日），《鲁迅全集》第 13 卷，人民文学出版社 1991 年版，第 62 页。

在我们这里，学问依旧是特权阶级的专利品，无论是科学、艺术、哲学，只有少数人可以窥见的门径，一般书贾所着重的自然只是他们个人的赢利，而公立图书馆也以搜集古董自豪，却不肯替贫寒的青年作丝毫的打算。多数青年的需要就这样被人忽略了。然而求知的欲望却是无法消灭的。①

然而，这套出手不凡、气势恢宏的"文化生活丛刊"的出版机构，却是一家人们之前从未听说过的出版社——文化生活出版社。

这个出版社的创办人，正是吴朗西和他的朋友们。文化生活出版社"完全是一群知识分子按照自己的社会理想和文学爱好而开办起来的"②，他们希望"多数青年的需要就这样被人忽略了"的局面不再出现，期待以自己的努力踏踏实实地为文学事业做贡献。

对吴朗西、巴金来说，新文学是散播火种的文学，自己从中得到温暖，就应该更努力地把火传给别人，去点燃理想的火焰，照亮青年的道路与心灵。因此，从图书的内容，到图书的装帧，再到图书的价格，他们都仔细考量，要让一代一代的青年在现实生活中成长，"也在文学作品中找到自己的同志和弟兄"③。

陈思和教授曾撰文，回忆了他与吴朗西先生见面时的感受。他说自己多年前在一次采访中曾问过吴先生，当年文生社同人为什么能够以这种崇高的精神来经营这个文化事业，吴先生平静地回答道："'那

① "文化生活丛刊"发刊广告，《申报》1935年9月21日。
② 王建辉：《出版与近代文明》，河南大学出版社2006年版，第93页。
③ 巴金：《为〈新文学大系〉作序》，《巴金全集》第16卷，人民文学出版社1991年版，第509页。

时，我们都有信仰'。说这话的时候，他那浮肿的脸庞舒展开来，细长的眼睛也放出了光彩，我顿时就感受到一种人格的力量弥漫在破旧的屋内。吴先生的话提醒了我，这种只讲奉献，不计报酬的人格原则，正是巴金、吴朗西和他们的朋友们终生信仰的正义、互助、自我牺牲三大伦理原则在具体工作中的一个体现。"①

前面我们提到，当时整体经济的不景气，也连带影响了出版业的发展，书店争相出版销数比较大、资金周转比较快的杂志和教科书，"至于单行本，一般连创作的小说都不愿意出，更不用说翻译小说了"②。而创办文化生活出版社的缘起，恰恰与丽尼的一本翻译作品有关。

丽尼翻译了纪德的名作《田园交响乐》，想找一家书店出版，却四处碰壁。吴朗西当时正好筹集了一笔钱，想用来印制请伍禅从日本买回来的图谱，但这个项目因故取消。得知丽尼的遭遇后，吴朗西就萌发了一个大胆而勇敢的想法——成立一家出版机构，出版那些有价值，但市场销售可能一时并不尽如人意的作品。

对于出版社的创立，吴朗西晚年回忆说："当时书店都不大愿意出单行本，我们就来填补这个空白。……把这个书店（即文化生活出版社——引者注）作为共同的事业，培育它，扶持它，切切实实，认认真真地干吧。"③

伍禅与吴朗西两人相知多年，他是广东海丰人，留学日本时与吴朗西同学，伍禅学生物学，吴朗西学德国文学。伍禅后与吴朗西、陈

---

① 陈思和：《永远的浪漫——怀念吴朗西先生》，《星空遥远》，广东人民出版社 2018 年版，第 146—147 页。

② 参见吴朗西：《文化生活出版社》，《新文学史料》1982 年第 3 期。

③ 吴朗西：《文化生活出版社》，《新文学史料》1982 年第 3 期。

瑜清同在泉州平民中学任教，之后又成为陈瑜清侄女陈慧英的丈夫。

创社之初，伍禅不仅倾囊相助，而且他此前去日本所购买的图书中，那本《第二次世界大战》也因机缘巧合成为文化生活出版社实际上出版的第一本书。

抗战全面爆发，上海陷落后，伍禅去了马来西亚，后来先后担任华侨学校校长、《沙捞越日报》编辑等职。1942 年参与组织西婆罗洲反日同盟会，任该会主席。1945 年后，任《中华公报》社社长等职。1952 年回国。曾当选为第一至七届全国人大代表，致公党第七、八届中央副主席兼北京市委主委。

关于创办文化生活出版社的资金来源，吴朗西回忆说："文生社是以柳静做小学教师、图书馆职员多年积累的三百元创办起来的。后来伍禅投资二千元，卫惠林投资五十元。文生社实际股本就是这三笔。"[1]"文生社改组为有限公司时，在一千股股本总额中分配了五十股给伍禅。但文生社从一九三五年到一九五四年公司合营近二十年，从未发过股息红利，文生社的股东都不过挂名而已。他们对文生社尽了义务，却没得到任何报酬。"[2]"伍禅回南洋时把股本二千元收回了。但当时文生社资产净值已达二万元。"[3]

伍禅之外的另一位出资人卫惠林，是吴朗西在泉州平民中学时的好友，也是巴金在法国留学时的同行之人。巴金行前，哥哥李尧林特地嘱咐他："惠林兄年长，经验足，你遇事最好虚心请教。"

那时的巴黎思潮纷纭，也是安那其主义的一个乐园。卫惠林、巴

① 陈思和、李辉：《记文化生活出版社》，《新文学史料》1982 年第 3 期。
② 陈思和、李辉：《记文化生活出版社》，《新文学史料》1982 年第 3 期。
③ 陈思和、李辉：《记文化生活出版社》，《新文学史料》1982 年第 3 期。

金和其他安那其主义的信仰者，决定各自分头，从学问上探寻人类解放之路。"卫惠林就这样阴差阳错被指定研究人类学和社会学，巴金研究经济学，吴克刚研究合作学，詹剑峰研究哲学"①。

卫惠林先是读巴黎大学文科，接着考取巴黎人类学院和法兰西书院的研究生。他在苦读中怀念故土和亲人，又受了巴金写小说的影响，在课余写成自传体小说《母与子》，但它并没有给他带来巴金般的文学声誉，这本小说也几乎不为人所知。

到了 1930 年，卫惠林学成返国。此前巴金已于 1928 年返回中国。卫惠林回国时，中国的安那其主义运动已经进入尾声。除了上海还保留着立达学园、劳动大学等准安那其主义和安那其主义的基地（之前还有"自由书店"，出版过巴金翻译的名作《面包与自由》和卫惠林翻译的大杉荣的《社会理想论》）②，全国安那其主义的圣地便是远离统治中心的福建了。

因此，卫惠林回国后便来到泉州，在泉州黎明高级中学任教，与校长吴克刚以及吴朗西、叶非英等在一起，"他们不愿在污泥浊水中虚度一生，他们把希望寄托在青年一代身上，想安排一个比较干净的环境，创造一种比较清新的空气，培养一些新的人，用爱集体的理想去教育学生"③。

卫惠林与吴朗西一样，他们带着人道主义的理想，希望能够从教育，以及后来的出版入手，来做与世界的抗争。他们怀着赤子之心，

---

① 散木：《巴金的山西挚友卫惠林（二）》，《书与人》2001 年第 9 期。

② 出版方面，1931 年卫惠林和巴金、卢剑波等在杭州西湖的一次秘密会议上，决定由巴、卫主编一份名叫《时代前》的刊物，通过郑佩刚发行，这既是他们出版活动的试验，也可说是他们从事自己政治活动的真正的尾声了。

③ 巴金：《怀念非英兄》，《巴金全集》第 16 卷，人民文学出版社 1991 年版，第 703 页。

集合在一起，期望在力所能及的范围内创造一个世外桃源。

卫惠林、吴克刚这些人在历史上留下的记载不算多，他们更多的是活在友人的心里。在吴朗西的一生中，他始终怀念着、追忆着在平民中学、立达学园、文化生活出版社与他并肩前行的这些友人。巴金也是如此。他更是用作家的笔，记录了卫惠林、匡互生、陆蠡、丽尼这些"中国的罗亭"们最值得怀念的品质，赞美他们"不害人，不欺世；谦虚、和善而有毅力坚守岗位；物质贫乏而心灵丰富；爱朋友，爱工作，对人诚恳，重给与而不求取得"①。

可以说，文化生活出版社的创办，正是源于这样一群志同道合朋友的共同理念。他们原本各人有各人的工作岗位，因为对于传播文化的热诚，而聚拢在了一起。文化生活出版社也在这些年轻人的合力之下，迅速壮大。

吴朗西曾不无自豪地回忆道："一九三四年四月创办《美术生活》、九月创办《漫画生活》，一九三五年五月创办文化生活出版社，一年之间，办了三个'生活'，正像打仗一样呵。"② 而"文化生活丛刊"作为文化生活出版社的第一套丛书，则是借鉴了日本的"岩波文库"和美国的"万人丛书"的形式。为了更为多元地呈现所出版图书的特点，吴朗西希望能够出一套各个类型书籍均包括在内的大型丛书。

对此，吴朗西回忆说：

> 我们本来打算专出外国文艺读物，可是《第二次世界大战》是本政治读物，超出了文学的范围了。我想到美国出版的《万人

---

① 巴金：《怀念·前记》，《怀念》，开明书店 1948 年版。
② 艾春、丁言昭：《吴朗西的编辑生涯》，《编辑学刊》1986 年第 2 期。

丛书》、日本岩波书店出版的《岩波文库》，我就对安仁（即郭安仁，又名丽尼——引者注）说：

"我们出一套像《岩波文库》那样综合性的丛书，有文学，有社会科学，有自然科学，有翻译的，也有创作的，这样好吗？"

安仁说："好！可是这套丛书叫什么丛书呢？"

我从我编辑的《美术生活》、《漫画生活》联想到"文化生活"这个名称了，就脱口而出：

"叫《文化生活丛刊》好不好？"

安仁说："好，叫《文化生活丛刊》好。"

我们就这样胎孕了文化生活出版社。①

"文化生活丛刊"中不仅有文学，而且有社会科学，不仅有创作，而且有翻译，不仅有外国作品，而且有原创，样式极为丰富、多元。可以说，正是因为有效地借鉴了文库本的形式，在很短的时间里便促成了"文化生活丛刊"以及"译文丛书"、"文学丛刊"这样三套在现代出版史上有着重要影响的丛书的诞生。②

20 世纪 30 年代，也有不少文学类丛书收入多种文学体裁。比如生活书店的"创作文库"即称"包含长短篇小说、剧本、诗歌、散文、批评，举凡文学之诸部门，无不应有尽有"。但就所涉及的文学样式而言，"文学丛刊"则更为广泛，除"创作文库"所包含的种类之外，还有报告文学、电影剧本等等。其涉及之广、涵盖之全，堪称三四十

---

① 吴朗西：《文化生活出版社的创建》，《新文学史料》1982 年第 3 期。

② 这里提到的三套丛书即文化生活出版社的镇社之宝。

年代丛书出版执牛耳者。

前面说过，吴朗西在出版自己的书以及编辑生涯的锻炼中，对于图书的装帧、宣传都有了深刻的感悟。因此，文化生活出版社虽是一家刚刚起步的新社，但社徽等方面的设计、规划却丝毫没有疏忽。封底所印社徽，是吴朗西从英文版《美术史》所选，源自西洋雕塑 *Boy With Thorn*，图中是一个拔脚刺的男孩。显而易见，这一比喻的指向十分清楚，吴朗西他们渴望通过办出版社，向读者传播真理与知识，把现实生活中的刺逐一拔掉。这其实与他创办《漫画生活》的宗旨是一脉相承的。

作为文化生活出版社的第一套书，"文化生活丛刊"的封面设计也十分别致，参照了日本厚立阁书店《现代的德国文学》的设计风格。此后的"译文丛书"、"文学丛刊"也都既朴素，又得体。"文学丛刊"的封面用了白皙的底色，淡彩的书名，外加褐色护封，封面印上书名、作者、丛刊名称，字体、颜色不同，显得醒目、大方。"译文丛书"则设计为25开本，版式大而略带方形，封面有作者画像和内容介绍，这一有特色的设计问世后颇受好评。

文化生活出版社的图书封面大多简简单单，除了书名、作者名，没有更多的东西，但因为有着鲜明的风格，而形成一种极简之美，也赢得了许多作者、读者的喜爱。作家痖弦便说过，"直到现在我还觉得二十年代文化生活出版社出版的书'文学丛刊'、'文化生活丛刊'是最美的"①。

除了形式上的仔细斟酌外，吴朗西更看重书稿内容的筹划与作者

① 转引自范用：《谈文学书籍装帧和插图》，《出版史料》2002年第4期。

群的建设。早在"文化生活丛刊"筹划之初，吴朗西便意识到出版社要发扬光大，就需要有眼光独具的总编辑来统领大局。这时，他想到了好朋友——巴金。

当时巴金远在日本，接到吴朗西的信后，便全力支持这个事业，他先把书稿和译稿交给吴朗西，然后从日本赶回上海，名副其实地担任起丛书的主编。上面所举的《申报》广告，就是"文化生活丛刊"为文化生活出版社打响的第一炮。

广告中宣称："我们刊行这部丛刊，是想以长期的努力，建立一个规模宏大的民众的文库，把学问从特权阶级那里拿过来送到万人的面前，使每个人只出最低廉的代价，便可以享受它的利益。"这段话，已经充分说明了吴朗西等文化生活出版社同人办社、出书的宗旨与理念。

二、沪杭同窗的支持

许天虹 1924 年在之江大学附中读高中时与吴朗西相识，也结下了一生的友谊。

在文化生活出版社创社的最初阶段，许天虹就与吴朗西有了密切的合作。文化生活出版社的第一本书《第二次世界大战》，就出自许天虹的翻译，只是，当时的署名为"白石"。

对此，吴朗西后来在写给魏绍昌的信中说："文生社出版的第一本书《第二次世界大战》就是许天虹译的，署名白石。请您在我写给陈丹晨同志的复文中，在许天虹名字后面写上笔名'白石'

为感。"①

前面提到，吴朗西创办出版社的最初动因是因为他和伍禅打算编辑出版一本给中学生用的动植物图画教材，但需要的资料买回来后，与出版社的合约却告吹，编图谱的愿望也就落空了。此时恰逢丽尼翻译的法国作家纪德的《田园交响乐》在《大众小说》连载后，想出单行本，可一般书店都不愿意接受。于是，吴朗西就想"拿伍禅交还的这一百多元帮助安仁（即丽尼——引者注）去印《田园交响乐》"②。

吴朗西与丽尼见面之后，没想到一谈就谈出自己办书店的事情来了。正如吴朗西回忆所说："我们几个人商量自己出书，最初的打算就是因为有几个朋友都在搞翻译，所以想办个出版社，印自己的稿子。"③

既然当时书店都不大愿意出单行本，吴朗西他们就打算自己来填补这个空白，出自己想印的书，出有益于读者的书。而且他们心中还有一个考量，那就是周围朋友懂外文、从事写作的人不少，稿源不成问题。

吴朗西说："我们接近的朋友能翻译英文的有巴金、丽尼、黄源、许天虹（笔名白石）、陆圣泉（笔名陆蠡）、张易（笔名伯峰）、吴克刚和我等等，能够翻译法文的有马宗融、罗世弥（笔名罗淑）、毕修勺（笔名郑绍文）、陆圣泉、吴克刚、陈瑜清（笔名诸侯）、郎伟等等，能够翻译日文的有伍禅、张易、林琦（笔名林雪清）、黄源和我等等。

---

① 丹晨：《柯灵、艾芜、田涛、魏绍昌、吴朗西、李采臣等谈巴金的书信》，《新文学史料》2005 年第 4 期。

② 吴朗西：《文化生活出版社的创建》，《新文学史料》1982 年第 3 期。

③ 陈思和、李辉：《记文化生活出版社》，《新文学史料》1982 年第 3 期。

我还可以翻译德文。我们就出我们这些人的翻译书。"① 于是，成立一家出版社的愿望就此正式付诸实施，中国现代出版史上一颗新星冉冉升起。

吴朗西在经营方面有着天生的敏感与理性，而在杂志社做编辑的经历也给了他更敏锐的市场意识。因此，他考虑到那时候的中国读者对纪德缺乏了解，如果把这本《田园交响乐》作为文化生活出版社的第一部书，万一打不响，就会影响到出版社以后的发展。由此可见，吴朗西想成立一家出版社绝不仅仅是玩票，也不仅仅是简单地辅助友人，而是把它作为大家共同的事业，认认真真地培育它，踏踏实实地扶持它。

巧的是，伍禅在这以前去日本购买的那批书中有一本美国约翰·史蒂尔著的《第二次世界大战》。约翰·史蒂尔是西方当时一位很有影响的政论家，他在这本书中详细分析了第一次世界大战后，尤其是1934年欧洲的政治状况，从德国、意大利、日本等帝国主义国家的动荡变化中，指出这些触目惊心的事变，其实不过是从《凡尔赛和约》签订以来世界上一直进行着的可怕的经济斗争的自然表现而已，并由此断言："第二次世界大战是不可避免的。"

那时，希特勒已经上台，战争空气越来越浓，人们普遍都关心着世界局势。吴朗西认为这本书所讨论的话题切近现实，必然会吸引一些读者的关注，于是就决定把它作为文化生活出版社的第一本书，并请老同学、老朋友许天虹将其翻译出来。

许天虹早年也与黄源同学，黄源那时经常到许天虹家里，从而认

---

① 吴朗西：《文化生活出版社的创建》，《新文学史料》1982 年第 3 期。

识了许天虹的妹妹许粤华。许粤华毕业于嘉兴秀州女中，在海盐城隆庙女子高等小学教书时与黄源开始恋爱，于1929年结婚。文化生活出版社成立后，许粤华参加了《少年读物》半月刊的编辑、校对工作。后来她与黄源分手，随黎烈文一起去福建永安，在吴朗西参与建设的改进出版社工作，并曾任月刊《现代儿童》的主编。

吴朗西原本便对黄源有所了解，后来因许粤华又嫁给黄源，黄源便也与吴朗西更为相熟起来，这也为他们以后的成功合作埋下了一颗种子。

1935年5月20日，许天虹翻译的《第二次世界大战》正式出版。紧接着，《田园交响乐》于6月出版。这两种书各印2000本，委托开明书店销售。

让吴朗西等喜出望外的是，书的销路相当不错，当时开明书店结算百分之六十的钱，出版社再从中支付作者原版税的百分之十五，除去各项开支外，还能有些盈利。到了8月巴金归来之际，出版社已经印出三本书，"不但没有亏本，还略有盈余"。这使得吴朗西等人信心大增，在出版规划上更加勇往直前。

除了这本《第二次世界大战》之外，许天虹后来还翻译了狄更斯的《双城记》、《大卫·科波菲尔》（收入"译文丛书"，当时《大卫·科波菲尔》译为《大卫·高柏菲尔》）以及《迭更斯评传》（今通译为《狄更斯评传》）等，在文化生活出版社出版，《托尔斯泰》、《玛志尼》则由吴朗西在改进出版社出版。

陈瑜清也是吴朗西的同学，1925年他们在江湾立达学园开始交往。那时，吴朗西在立达学园附近开了一家小书店，边营业边自学，陈瑜清则在江湾立达学园读高中。

　　陈瑜清在所写的自传中回忆道："黄源（本名黄河清）和我在立达同学时感情很好的，吴朗西也是在江湾认识。"① 1925 年 10 月，吴朗西先去日本，陈瑜清两个月后前往东京，两位志同道合的好友相聚在异国他乡。

　　据吴朗西回忆在日本的经历："1927 年春天，我带着瑜清到横须贺去看望原日本海军中将饭森正芳先生（世界语倡导者）。"1928 年 8 月，陈瑜清则带吴朗西、庄重去看望刚到日本不久的表哥茅盾，介绍他们认识。对此，茅盾先生在回忆录中写道："有一天，表弟陈瑜清到旅馆看望我。和他同来的，还有他的两个朋友，一个是吴朗西（四川人），又一个是庄重（南洋某地的华侨）。吴朗西和庄重，我虽然本不相识，但在日本东京遇见，亦有海外逢故人之感……他们和吴朗西合租一套房，也请瑜清的一个朋友黄河清（即黄源）一同住，三人共同负担他的费用，此亦朋友互助之道。"②

　　在日本期间，他们和郎伟、张贞夫、孙俍工、庄重及后来的黄源有过共同生活的经历，大家同吃同住，互相帮助，尤其是陈瑜清与吴朗西相处长达三年之久，建立起如同兄弟般的深厚友谊，并把各自的朋友介绍给对方，共同畅想未来的人生。

　　1932 年，吴朗西去福建泉州平民初级中学教授国文和英文。平民中学因增加班级，扩大招生，急需新的教师加入。吴朗西受学校委托，利用寒假回上海招聘教师。他先后请来了陈瑜清、郎伟、陆蠡、俞福祚等优秀教师。郎伟也是吴朗西在吴淞中国公学中学部的同学，并和吴朗西同在日本留过学。俞福祚是上海江湾立达学园的学生，曾

---

① 张蓉、陈毛英：《家父陈瑜清与吴朗西的友谊》，《出版史料》2012 年第 1 期。
② 转引自张蓉、陈毛英：《家父陈瑜清与吴朗西的友谊》，《出版史料》2012 年第 1 期。

留学法国攻读美术。

1933 年春，陈瑜清受吴朗西的邀请，来到泉州平民中学负责国文、英文课的教学。后来，陈瑜清离开泉州，来到立达学园教育科教日语，当时学校主持人是陈范宇，同事有陆蠡等。吴朗西这时已回到上海，在做编辑工作的同时，每周挤出一天时间，乘火车前往立达学园教书。

如前文所述，与陈瑜清在日本期间，吴朗西结识了茅盾，他在《文化生活出版社的创建》一文中也写道："我是 1928 年 8 月在日本东京初次见到茅盾先生。是他的表弟陈瑜清带我和友人庄重一起到他的旅馆里去的。"[①] 正是这次引见，使吴朗西与茅盾相识并保持交往，为他在新的出版事业中做出一番成就指引了方向，提供了帮助。

茅盾从日本回到上海后，与吴朗西多有往来。1934 年 10 月，茅盾牵线，把正在杂志社工作的吴朗西介绍给鲁迅。吴朗西结识鲁迅后，多次向他约稿。1935 年 5 月，吴朗西与伍禅、郭安仁（即丽尼）、柳静等创办文化生活出版社后，更是得到了鲁迅、茅盾的大力支持，使得他们得以在这个新的平台上出版了大量优秀图书。

"文化生活出版社始建时纯系'朋友试办'，类似同人组织。这就意味着它不同于一般的商家、企业。"这就使得出版社的作者团队、图书产品都带有鲜明的特色，也使其得以在 20 世纪 30 年代中后期迅速崛起。

吴朗西曾经在回忆录中说，当时创办书店是希望"出自己想印的书，有益于人民的书为佳，且周围朋友中懂外文，从事写作的人倒不少，稿

---

① 吴朗西：《文化生活出版社的创建》，《新文学史料》1982 年第 3 期。

源当不成问题，不妨先试印两本书探路"。其实，不仅仅是翻译，创作也是由巴金、丽尼、黄源、许天虹、陆蠡、张易、吴克刚、马宗融、罗淑、毕修勺、陈瑜清、郎伟、伍禅以及吴朗西自己亲力亲为，他们都是文化生活出版社的核心作者，为出版社的发展提供了最有力的支持。

比如出任总编辑的巴金，在繁忙的编辑工作之余，仅为"文学丛刊"便写下 10 个集子，即：《神鬼人》、《发的故事》、《小人小事》、《利娜》、《砂丁》、《长生塔》、《忆》、《短简》、《龙虎狗》、《静夜的悲剧》。而吴朗西自己也编选了漫画集《柏林生活素描》，还翻译了不少优秀的外国文学作品。

关于文化生活出版社创办者、合作人那种朋友间的密切关系，陈瑜清的侄女陈慧英晚年有一段回忆说：

> 1936 年 5 月 12 日，伍禅和我在上海饭店举办婚礼，请了许多朋友，沈雁冰是我的表叔又比较年长自然当主婚人，瑜清叔叔、巴金、吴朗西和柳静、丽尼、陆蠡、吴金堤、靳以等好友都参加了聚会，高兴地玩了一个晚上。我们的婚礼被朋友们戏称为"文学家的聚会"。①

正因为文化生活出版社是这样一种特别的出版机构，所以散发出独树一帜的魅力。"'钱'的因素在这个出版社显得不那么突出。'人'的因素、'力'的因素似乎处于主要地位。"②

---

① 转引自张蓉、陈毛英：《家父陈瑜清与吴朗西的友谊》，《出版史料》2012 年第 1 期。
② 纪申：《记巴金及其他——感想·印象·回忆》，宁夏人民出版社 1994 年版，第129 页。

除了前面提到的出版社创建所需的启动资金是由柳静、伍禅几人凑起来的，出版社创办后，大家也都为了这个共同事业尽心竭力。没有人想到金钱，没有人想到报酬，大家彼此都讲奉献，不讲索取。

这一群知识分子从事文化产业的经营，不图钱，不图利，而是认真地做一点事，踏实地尽一份力。他们的心中有的是信仰与追求，他们之所以能如此执着认真，流血流汗甚至至死不悔，就是因为心中那奉献自我燃烧自我的理想。他们只想发现一些好作家，多出一些好作品，将新文学不断地发展与壮大。对他们而言，要做的就是在自己的岗位上做出自己的一份努力，积累、弘扬文化的精血，以有利于文明的火种长燃不息。

三、永生难忘的记忆

吴朗西回忆自己和伍禅回国的情况时曾经说过："九一八事变爆发时，我们还有几个月就要毕业，但出于爱国热忱，都放弃学业，偕同回国。可是一回到国内，我们非常失望，别说参加抗日的梦想化为泡影，就连吃饭也成问题，于是我不得不经朋友介绍到福建泉州平民中学教一个时期的书。那时陆蠡也在一起。"[1]

泉州平民中学是泉州地方名士苏秋涛于 1930 年创办的，前身可追溯到 1924 年由当地华侨创办的平民学校，原校址在泉州百源川铜佛寺，当时苏秋涛资助学校并以搬迁校舍为条件接任了校长。这段历

---

[1] 陈思和、李辉：《记文化生活出版社》，《新文学史料》1982 年第 3 期。

史，《平民中学和民生农校创办沿革记述》中有明确的记载。

黎明高中先于平民中学创办，两校来往密切。黎明高中和平民中学共同的特点是创办者秦望山、梁龙光与苏秋涛一样，都信仰安那其主义，因此，所聘教员如吴朗西、陆蠡、丽尼、吴克刚等，也都是安那其主义者。他们后来也多成为文化生活出版社的创建者、同行者和作者。

比如，丽尼翻译的法国作家纪德的《田园交响乐》就直接催生了文化生活出版社。又如，吴克刚主编了"战时经济丛书"，该丛书是他编译和撰写的有关战争时期的经济著作。原计划出版 12 本，但最后只出了 4 本，为《战费论》（[美] 赛利格曼著，吴克刚译）、《战时捐税》（[美] 波加特著，吴克刚译）、《战时金融与币制》（[美] 波加特著，吴克刚译）、《战时公债》（吴克刚著）。

当时的教员中还有一位王鲁彦，是新文学的重要作家。王鲁彦 1923 年曾在北京大学任苏联诗人爱罗先珂的世界语助教，后来还翻译了不少世界语的短篇小说集，与吴朗西有着十分接近的人生观念与文学理想。他写有《雀鼠集》，收入"文学丛刊"第一辑，很好地支持了刚刚成立的文化生活出版社。

而陆蠡更是吴朗西十分重要的同行者，是为文化生活出版社做出了重要贡献的出版人。

陆蠡与吴朗西在中学阶段便已相识，吴朗西到平民中学任教后，因学校增加班级扩大招生，被派往上海引荐教师，陆蠡就是他首先去找的老朋友。吴朗西在《忆平中》里回忆说："寒假期间，我就被派往上海，聘请教师。结果请来了陆圣泉、薛藩、陈瑜清、俞福祚、郎伟。除开郎伟去兄弟学校黎明高中外，其他老师都留在平中。"

陆蠡到任后第一学期被安排教物理、化学和数学课程。在这样一个大家有着共同梦想的大家庭中，在这种宽松的环境、自由的气氛下，陆蠡教学之余，还与吴朗西、陈瑜清、伍禅等创办了泉州语文社，给学生讲授英语、日语、世界语等。应该说，平民中学是活跃、自由的天地，充满朝气、生机和友爱。叶非英就曾和部分老师翻译克鲁泡特金等人的文章，介绍、分送给包括陆蠡在内的教师。①

1934年秋，陆蠡离开了平民中学，1936年初进入吴朗西创办的文化生活出版社工作。

进入文化生活出版社后，陆蠡主要协助巴金做编辑部的工作，并与杨挹清一起负责出版部的工作，严格管理书籍的印刷质量。此外，他还接受了会计工作。他和吴朗西一样都没有学过会计，"但他承担这项工作后，就一面研读会计书籍，一面向开明书店会计部门取经，订立了文生社会计规章制度"②。他做事认真负责，大公无私，成为大家公认的文生社的"管家"。

编辑部的工作很忙，但陆蠡还是坚持晚上写文章，搞翻译，夜以继日地工作。短短几年里，他创作了《海星》、《竹刀》（后改名《山溪集》）、《囚绿记》三本散文集，翻译了法国拉马丁的《葛莱齐拉》、俄国屠格涅夫的《罗亭》和《烟》，这些作品也都在文生社的"文学丛刊"、"译文丛书"中出版。陆蠡不仅以编辑的角色服务于出版社，还以自己的作品很好地支持了出版社的发展，他自己也成为中国现代

① 参见陈江平：《20世纪30年代的散文家陆蠡与泉州平民中学》，《苏州大学学报（哲学社会科学版）》2009年第6期。

② 吴朗西：《记文化生活出版社的人和事——怀念陆圣泉》，《出版史料》1982年第3期。

文学史上有着特殊风格的散文作家。

1938 年初，巴金与弟弟李采臣去广州筹办文化生活出版社广州分社，上海方面的工作便由陆蠡主持。1938 年 4 月，吴朗西离开重庆，取道汉口到达广州，与巴金商议后决定返回上海。

回到上海后，吴朗西与陆蠡商量，决定大家兵分两路，分头开展工作。

吴朗西与俞福祚、杨挹清在霞飞路霞飞商场内开办门市部。该门市除批发、零售自己的图书外，还经销生活书店、开明书店等出版的图书杂志，此外还出售文具以及宣传革命和抗战的地下书刊。出版社的业务逐渐有了起色。

而陆蠡则与许粤华、朱洗、吴金堤合作出版《少年读物》半月刊。许粤华与陆蠡也是老朋友，与陆蠡在劳动大学工学院时就相识。这本刊物的所有编辑、校对工作全部由陆蠡和许粤华两人承包了，两人合作得非常愉快。另一位合作者朱洗也信仰安那其主义，20 世纪 20 年代曾在法国勤工俭学。1936 年，朱洗从北京来上海，担任上海生物研究所所长，与吴朗西相识。1938 年陆蠡主编《少年读物》时，朱洗参加编辑工作，从此与文化生活出版社有了更深入的合作。

《少年读物》出版后，深受读者欢迎。留在"孤岛"上的进步作家柯灵、唐弢都曾热心地为该杂志写过稿。不过，《少年读物》半月刊仅仅出了 6 期，就被日寇通过法国巡捕房查封了，还以"宣传抗日"的罪名，封闭了文化生活出版社的霞飞路门市部。

1938 年 10 月，门市部被查封后，法租界巡捕房开庭传讯吴朗西，因为朱洗通晓法文，吴朗西请朱洗一起出庭。当法庭宣判没收被查去的抗日书刊，不准文化生活出版社门市部营业，不准《少年读物》再行出版时，朱洗当庭提出抗议，大呼"爱国无罪"。但是法捕房完全倒向日寇一边，不予理睬。朱洗通过法国朋友向法捕房内部交涉，也未果。文化生活出版社刚刚有些起色，便遭到如此沉重的打击，这时吴朗西才真正感到有些无能为力，决定为出版社重新寻找方向。

于是，吴朗西接受了黎烈文的邀请，前往福建筹备改进出版社，希望能为文化生活出版社寻找新的合作空间。

而留守上海的陆蠡为了不辜负读者，立即开始筹划一套综合性的小丛书来接替被查封的刊物。他在介绍这套丛书时说："为了安慰自己，也为了告无罪于读者，于是就计划出一种丛书式的杂志，或则是杂志化的丛书。《少年读物小丛书》就是实现这计划的初步表现。"其负责的态度与斗争的勇气，从他的这一编辑理念中即可见一斑。

这套丛书出过两集，包括：史地类的有杨刚的《公孙鞅》、白石（许天虹）的《犹太人与巴勒斯坦》等，文艺类的有巴金的《旅途通讯》、雨田的《十诫》，科学类的有汤心豫的《房屋与路》、樊养源的《空气和水》等。此外，为了给"孤岛"的青少年输送最新的科学知识，陆蠡还主编了一套"少年科学小丛书"。丛书采用通俗易懂的故事形式，介绍自然科学的基本知识，曾先后出版了《人体旅行记》（索非著）、《月球旅行记》（李林译）、《金属的话》（樊养源著）、《有用植物》（张果著）等8种。

同时，陆蠡还邀请朱洗编写一套"现代生物学丛书"。朱洗留学法国时，曾经跟随法国生物学家巴大雄（Bataillow）学习，从事生物学研究。

在"现代生物学丛书"第一辑的后记中，朱洗谈到了当时出版丛书的情况，这段记载可以让我们看到，淞沪会战爆发后留守上海的文生社同人的处境是怎样艰难。朱洗写道:"沪战发生后,巴、吴二先生先后去重庆,陆先生留守上海。我当时每星期日下午照例去文化生活出版社一次,大家畅谈半天,泄泄闷气。每次见面他都问起:'书写得怎样?'他催得紧,我写得快,我写得快,他印得快,第一本《蛋生人与人生蛋》竟于廿八年底印出,一年后再版。第二本《我们的祖先》于廿九年七月间出版。第三本《重男轻女》三十年四月出版。当第四本《雌雄之变》已经写好,行将付印时,太平洋战争爆发,日军进驻租界,出版工作不得不停顿下来。"①

显而易见,正是因为陆蠡的不懈努力,他主持下的"文化生活社虽然很困窘,仍然出了不少好书"②。

1941年12月8日"珍珠港"事件爆发,日军侵占上海租界,并开始对进步文化人的大肆迫害,形势更为严峻。12月26日,商务、中华、世界、开明、大东五大书店均被查封。文化生活出版社也多次遭到汉奸、特务的敲诈勒索,可谓险象环生。为了出版社的发展,陆蠡想方设法将印出的图书通过金华运往内地及苏北解放区销售。于是杨挹清决定回家乡金华去,在那里成立分社,不料一到金华便被日军拘留,分社也遭到查封。

与此同时,上海文生社编辑部也被中央巡捕房和法租界巡捕房联合派人搜查。

一天,有人在已歇业的文生社福州路门市部里打电话给巨鹿路编辑部,说有顾客要买一批书,要求派人去接洽。陆蠡便让吴培炘去联系。吴培炘一进门市部,就被守候在那里的巡捕扣押,并押着他到福

---

① 朱洗:《现代生物学丛书》(第一辑)后记,文化生活出版社1939年版。
② 靳以:《忆陆蠡》,《靳以选集》第3卷,四川人民出版社1983年版,第485页。

州路一带的书店去检查，查抄走大量书籍，靳以所著的长篇小说《前夕》便是其中具有代表性的一本，靳以后来回忆说："在那些书中，敌人特别指出《前夕》是抗日的。"①

而陆蠡跑到法捕房去讲理，却被捕入狱。那一天是 1942 年 4 月 13 日，陆蠡就此与朋友们失去了联系。

吴朗西后来从吴培炘那里得知：

> 太平洋战争发生后，日本侵略者进入了上海租界，受日方控制的捕房派人到福润里出版社来逮捕陆圣泉（即陆蠡——引者注），但是他们没有找到他。陆蠡得知消息后，就去找朱洗商量。朱洗是法国留学生，他相信法国人可能同情我们。陆蠡也认为如果他不出面，可能累及旁人，已经受到抄查的文化生活出版社可能损失更大，就自己跑到法捕房去讲理，不料他到了法国捕房即刻就被移交给公共租界中央捕房特高科，这样就等于进入虎穴了。当晚 9 点钟，社里同事吴金堤、朱洗、吴培炘带了点心去看陆蠡，陆蠡似乎神色安详但敌人却不许他讲话。此后就再也没有看到他，只听说他被转解到日本宪兵队，虽多方营救，再没有确实消息了。②

关于陆蠡的传闻很多，有的说他关在江湾，有的说关在芜湖，后来又有人说关在南京。

1942 年 8 月，一个北方人来文化生活出版社找陆蠡，他的手里

---

① 靳以：《忆陆蠡》，《靳以选集》第 3 卷，四川人民出版社 1983 年版，第 485 页。
② 转引自徐开垒：《巴金传》，上海文艺出版社 1996 年版，第 317 页。

拿着一件陆蠡的大衣。他说自己跟陆蠡在同一牢房，陆蠡在日本人面前始终表现得坚强不屈，不肯说一句违背良心的话。7 月 21 日，日本人把陆蠡押出牢房，说是释放他，陆蠡将一件大衣留给同牢难友，留下文生社的地址就走了。这以后，再也无人知道与陆蠡相关的任何确实的消息，他再也没有能够回到朋友中间来。①

对于陆蠡的牺牲，吴朗西十分痛心，并深深地自责："我后悔 1939 年没有从福建直接回上海，我想，如果我在上海，可能拉他一起到内地来了。"他在《记文化生活出版社的人和事——怀念陆圣泉》一文中说："后来圣泉甚至不顾一切翻印靳以在大后方以青年们投身抗战为主题的长篇小说《前夕》。我这才明白圣泉为什么不肯离开上海，他是舍不得孤岛上的青少年朋友，他要为他们工作，为他们战斗到最后的时刻。"②

抗日战争胜利后，陆蠡被日寇杀害已成定论，在吴朗西的提议下，朋友们把 1942 年 7 月 21 日定为陆蠡牺牲的纪念日，并在出版社成立了陆蠡图书纪念室。为了纪念好友陆蠡（即陆圣泉），吴朗西与柳静为自己刚出生的小儿子取名"念圣"。

除了纪念陆蠡之外，吴朗西等出版社同人为了照顾陆蠡年老的父母及妻子女儿，解决他们的生活困难，还按月送去抚恤金，使他们免受饥饿之苦。令人感佩的是，"文革"期间被关进"牛棚"的吴朗西，依然嘱咐柳静专程乘火车去杭州，将钱交到陆蠡女儿陆莲英的手上。

---

① 这一段历史可参考孙晶《文化生活出版社与现代文学》(广西教育出版社 1999 年版)与《中国出版家·巴金》(人民出版社 2016 年版)的有关章节。

② 吴朗西：《记文化生活出版社的人和事——怀念陆圣泉》，《出版史料》1982 年第 3 期。

四、出版的同道好友

吴朗西与黄源（字河清）早在之江大学高中部时就认识，留学日本时还曾住在一起。同时因为许天虹兄妹的原因，彼此的来往更加密切了。

在《黄源回忆录》中，黄源回忆说，陈瑜清到法国去后，他就搬到吴朗西和郎伟的住所。郎伟也是浙江人，祖籍富阳。吴朗西当时正在上智大学读德国文学。吴朗西和郎伟楼上住的是张易，在高等师范学院英文系就读。大家白天到学校，晚上回来做饭吃。一群有着共同理想的年轻人在异国他乡彼此帮助，砥砺前行。

黄源回国后，因从事进步文学翻译，负责《译文》的编辑工作，先期结识了鲁迅，并深得鲁迅的信赖。文化生活出版社成立后，通过黄源的牵线搭桥，得到了鲁迅很大的支持。《俄罗斯童话》就是鲁迅通过黄源交付的第一本书稿。

在黄源的竭力推荐下，鲁迅对吴朗西的思想和人品有了充分的认识，因而对他也十分信任。此后，吴朗西与鲁迅的交往日益密切起来，鲁迅晚年几乎所有的书籍都交由文化生活出版社出版，也就成了顺理成章的事。

除了鲁迅自己的作品外，在文化生活出版社一套十分重要的丛书——"译文丛书"的出版中，黄源起到了重要的穿针引线的作用。

据黄源回忆，"大约是在1934年的5月间，茅盾到鲁迅家中时，谈及当前文坛因国民党反动当局采取图书审查制度，写东西比较困难。尔后又谈到《文学》连出两期外国文学专号，激发了作家的翻译热情。鲁迅认为，不能正面写文章，就用翻译来揭露时下的黑暗也行，以作借鉴。据此，鲁迅提议：'办一个专门登载译文的杂志。'"①这也就是后来鲁迅、茅盾等在上海联手创办的《译文》，由生活书店出版，每月一期，专门刊登翻译的文学作品。

那时，鲁迅十分赞赏俄国作家果戈理的作品，不仅自己翻译了他的《鼻子》、《死魂灵》，而且还在所编的《译文》上发表了孟十还翻译的《五月之夜》、《马车》等小说，并打算跟孟十还一起翻译一套《果戈理选集》。但作为一份杂志，《译文》的篇幅有限，不可能每期都刊登果戈理的作品。此时，鲁迅决定另外做一套"译文丛书"，以弥补杂志的不足。而且一旦有了丛书，不仅是果戈理，其他名家名著的译文，也都可归在它的名下，陆续出版单行本。

于是，鲁迅便让黄源代表自己去与生活书店商谈此事。黄源按照惯例，去找了生活书店的经理徐伯昕商谈。徐伯昕听说"译文丛书"是鲁迅主编，就一口答应下来。得到徐伯昕的口头同意，鲁迅便开始着手这套丛书的准备工作。

1935 年 8 月，生活书店总经理邹韬奋从国外回到上海。邹韬奋见徐伯昕身体不好，就让他去浙江莫干山休养，由毕云程暂代经理。黄源得知徐伯昕去职养病的消息后，便给邹韬奋写信，以确认"译文丛书"的出版计划。

邹韬奋与黄源并不熟识，亦不知"译文丛书"出版计划，遂与毕

---

① 秋石：《关于鲁迅、黄源同生活书店风波由来考辨》，《文艺理论与批评》2003 年第 5 期。

云程商量。毕云程告知生活书店已经承担了"世界文库"①的出版，而"译文丛书"性质与"世界文库"相近，从书店经营角度考虑，不建议出版"译文丛书"。邹韬奋听了毕云程的意见后，便告知黄源，生活书店不同意出版"译文丛书"。

无奈之下，黄源只有另辟蹊径，转向老友吴朗西刚刚创建不久的文化生活出版社求援。他与吴朗西和巴金联系后，准备将鲁迅创办的"译文丛书"放到文化生活出版社出版。对此，黄源回忆说："我同吴朗西、巴金不是一般性的交情，而是很熟悉的朋友。"

这一方案在得到鲁迅的同意后，黄源便与吴朗西正式接洽"译文丛书"的出版事宜。

9月15日，黄源在南京饭店做东请客，鲁迅当天的日记中记有"河清邀在南京饭店夜饭，晚与广平携海婴往，同席共十人"。

除了《译文》社四人和文化生活出版社的吴朗西、巴金二人外，还有四位客人：随鲁迅而来的许广平、海婴母子，以及鲁迅邀请的胡风，黄源另邀的傅东华。席间，商谈甚为顺利。合同由双方起草，鲁迅签字。席间，鲁迅还答应给巴金一本小说稿，作为巴金拟出的下一期的"文学丛刊"的首部，至于"具体篇目，今后告河清转达"（河清即指黄源）。

不过，关于这次聚会具体的到场人员都有哪些，不同的人也有不同的回忆。

---

① "世界文库"由郑振铎主编，主要系统介绍古今外国名著。这是一项庞大的出版计划，为此郑振铎遍邀国内作者达百余人之多，被称为"全国作家的总动员"。出版后，"世界文库"被誉为"有伟大名著的翻译，有孤本秘籍的新刊，是文学知识的渊源，是世界文化的总汇"。

据黄源回忆，这 10 个人是鲁迅、茅盾、黎烈文、吴朗西、巴金、胡风、傅东华、许广平、他自己和周海婴。之所以请傅东华，是因为他任《文学》编辑时，傅东华时常做东请客，所以这次自己做东就把他也请了。未曾想到的是，傅东华知道"译文丛书"将在文化生活出版社出版的消息后，当天晚上就向生活书店报告了……①

而巴金认为，这一天的宴请中，傅东华不在场。因为巴金觉得鲁迅在伍实文章发表以后对傅东华有看法，而且傅东华在当时同生活书店比较接近，因此不会邀请傅东华出场，以免扫兴。② 不过，无论与生活书店亲近的傅东华当时是否在场，都难以改变业已形成的鲁迅与生活书店之间的误解。

这次发生在鲁迅和生活书店合作中的"译文丛书"风波，其实是双方在不明真相的情况下发生的一场误会。

当时，生活书店认为《译文》的销量不尽如人意，与黄源的名气不大有关。于是，9 月 17 日晚，生活书店在新亚公司宴请鲁迅，将他们的一些想法和盘托出。

关于此"新亚公司夜饭"一事，鲁迅在 9 月 17 日日记里记载："晚明甫及西谛来，少坐同往新亚公司夜饭，同席共七人。"明甫即茅盾，西谛即郑振铎，同席的还有生活书店的邹韬奋、毕云程等。

毕云程告知鲁迅说，书店方面希望撤换黄源《译文》编辑的职务，编辑一职仍由鲁迅担任，而不是黄源。鲁迅感到十分突然，没有料到生活书店会提出撤换黄源，更对这种事先不商量的做法大为不满，未

---

① 参见黄源：《鲁迅晚年最信任的出版家》，上海鲁迅纪念馆编：《吴朗西先生纪念集》，上海文艺出版社 2000 年版，第 6 页。

② 秋石：《巴金与黄源通信解读》，《粤海风》2010 年第 1 期。

吃完饭便拂袖而去。

关于出版"译文丛书"的计划，最初是黄源和徐伯昕的口头约定，徐伯昕临行前没有同接替他的毕云程交代。后来，生活书店宴请鲁迅时，明确表示若出版"译文丛书"，需要鲁迅亲自签署出版合同，而不是由黄源代签。从生活书店坚持的这一点来看，也有其一定的道理，因为鲁迅才是《译文》真正意义上的法人。但鲁迅听后，认为对方此举无视之前的约定，就是十里洋场"吃讲茶"的行为。

生活书店的态度其实很明确，撤换黄源，留住《译文》。但鲁迅却明确告诉他们，没有黄源，就没有《译文》。

次日，鲁迅将茅盾、黎烈文以及黄源约到寓所，当着大家的面将自己签过字的与生活书店的第二年的合同撕碎，并说："这个合同不算数了，'生活书店'如果要继续出版《译文》，必须与黄源订合同，由黄源签字。"茅盾、黎烈文均同意，鲁迅即请茅盾通知生活书店。

关于此事，冯雪峰也有回忆，他写道：

> 鲁迅当时谈话中表示他最不满茅盾等人的，是生活书店要求撤换《译文》编辑黄源，事先没有同鲁迅商量，而用鲁迅认为"吃讲茶"的方式"要挟"鲁迅的一件事。他说："他们请我去吃饭，我去了，刚坐下，就提出撤换黄源问题。我看这是'吃讲茶'，他们布置好了局势。所以我也就筷子一放，一言不发地走了。其实茅盾是左联中人，又是《译文》的主持人之一，《译文》不是我的私产，黄源也不是我的私人，我们自己先商量好改换一个人，岂不很容易！"又说："我为了《译文》能够出下去，生活

书店条件怎样苛刻，我也接受了……"①

眼见事情搞僵，茅盾只好找来郑振铎商量。因为郑振铎与鲁迅、邹韬奋都很熟悉，是唯一适合居中调解的人选。郑振铎亦不希望事情发展到如此地步，他提出一个折中方案，即合同由黄源签字，但每期稿子仍由鲁迅过目并签字负责。

鲁迅9月22日日记记载，"下午明甫来。"这就是茅盾为调解《译文》事回复鲁迅。茅盾将这一方案告诉鲁迅后，鲁迅基本上表示了同意。

不料生活书店却未接受郑振铎的提议。

9月24日，鲁迅在日记中说："上午烈文及明甫来。"就是这一天，黎烈文和茅盾前来告知，生活书店表示情愿停刊，允将已排的稿件汇齐出一期终刊号。

10月8日，鲁迅日记中记有："晚吴朗西、黄河清同来，签订译文社丛书约。"这就是说，"译文丛书"转到文化生活出版社出版的事，从此成为定局。

《译文》停刊不久，黄源明白他还担任的生活书店的《文学》编辑的工作也不能继续做下去了，便决定辞去《文学》编辑职务，暂时离开上海到日本去，当时他的妻子许粤华正在日本留学。不过，黄源几经思考，最终还是留在了上海。当巴金、靳以、陆蠡、萧乾等设宴为黄源饯行时，黄源告诉大家，鲁迅先生因为反对无理撤销他的《译文》编辑和一大批人马闹翻了，因此自己不能离开他，决定不去日

---

① 秋石：《关于鲁迅、黄源同生活书店风波由来考辨》，《文艺理论与批评》2003年第5期。

本了。

黄源留下后，鲁迅非常高兴，告诉黄源说："先办《译文丛书》，再谋《译文》复刊。我们不会用阴谋，只能傻干。"正是由于这种"傻干"，《译文》终于在 1936 年 3 月复刊了。《复刊词》中鲁迅说："今年文坛的情形突变，已在宣扬宽容和大度了，我们真希望这宽容和大度的文坛里，《译文》也能够托庇比较的长生。"①

而"译文丛书"更是在文化生活出版社结出了绚烂的果实，并形成了自己的出版特色。

关于"译文丛书"的风波，徐伯昕在多年后写道："（生活）书店要把他（指黄源——引者注）撤换，这样问题就严重了，怪不得鲁迅十分生气，在那么多信中提到这件事。……黄源在鲁迅的指导下编辑《译文》，在困难条件下坚持同国民党做斗争，书店不但不支持鲁迅和黄源，反而要把黄源撤换，这种做法到底对谁有利，不是很清楚了吗？……当然，总的来讲，生活书店是进步的。……一直很好。……像在《译文》停刊事件这样重大问题上同鲁迅发生这么深的分歧，还从来没有过。我认为书店在这件事上犯了错误，鲁迅先生是正确的。"②

听到徐伯昕这些中肯的话，黄源也作了回顾和自我检讨。在为鲁迅写给自己的第 30 封信作注释时，黄源这样写道：

徐伯昕是邹韬奋流亡海外时的生活书店负责人，他的斗争矛头是很明确的。我们在增加稿费，增加杂志篇幅问题上，有时也

---

① 张磊:《〈译文〉创办始末》,《湖北档案》2010 年第 4 期。

② 黄源:《鲁迅书简漫忆》,《西湖》文艺编辑部 1979 年编印，第 101 页。

有矛盾，总是商量着解决。我们都在为文化战线做后勤工作。他甚至积劳成疾，《译文》停刊就发生在他离沪休养时期。我在四十年后听到他这样的话，觉得当时生活书店回绝出版《译文丛书》时，我没有想到应该把这情况告诉他（他是事先答应出版《译文丛书》的，虽则他当时不在上海），应等到他的回音后，再与第二家接洽。我没有想到这一点，我对徐伯昕同志来说，是很抱歉的。①

虽然说"译文丛书"的出版经历了这样一场风波，但吴朗西、巴金凭借挺身而出的勇气，在化解鲁迅、黄源所面临窘境的同时，也缓解了这场风波所产生的影响。

在同文化生活出版社合作之前，鲁迅曾为出版书籍同一些出版商有过不愉快，吃了一些亏。"鲁迅的著作大都在北新书局出版。原来在别处出版的书，后来也陆续归北新重版。而且鲁迅还为北新编辑了两套文学丛书：'乌合丛书'，专收创作；'未名丛刊'，专收翻译。"②鲁迅也很信任北新书局的当家人李小峰。但后来，北新书局却经常拖欠版税，使鲁迅忍无可忍，只好诉诸法律了。

前面我们说过，鲁迅在给孟十还、曹靖华等的信中便批评有些出版社把经济效益放在首位，赚钱高于一切的做法。而吴朗西、巴金与鲁迅的关系一直非常融洽，因为他们对于出版的观念高度一致，都认为作品第一，读者第一。

鲁迅晚年的重要作品几乎全在文化生活出版社出版，无疑也证明鲁迅对吴朗西、巴金的信任，以及文化生活出版社对新文学运动的贡

① 黄源：《鲁迅书简漫忆》，《西湖》文艺编辑部 1979 年编印，第 101—102 页。
② 吴中杰：《鲁迅与北新书局从亲密到交恶始末》，《世纪》杂志 2018 年第 6 期。

献。对此，许广平在《鲁迅回忆录》中谈到和鲁迅合作过的出版社时说道："有关系较久的北新，有后起而出书较多的文化出版社。"①

那么，鲁迅为何对文化生活出版社这家刚刚开办的小出版社如此信任？

其实，除了最初黄源推荐的缘故之外，更与吴朗西、巴金等人的认真诚恳的工作态度分不开。而文化生活出版社也因为得到鲁迅、茅盾等文学前辈的大力支持，成长为中国现代出版史上一家别具特色的出版机构。

---

① 许广平：《鲁迅回忆录》，作家出版社 1961 年版，第 150 页。文中所说的"文化出版社"，即"文化生活出版社"。

第三章

"鲁迅晚年最信任的出版家"

——吴朗西与鲁迅

一、与鲁迅的亲密交往

吴朗西第一次见到鲁迅是在北京。

一天下午，他到北京世界语专门学校去看朋友，朋友指着坐在教务室里的一位先生说："他就是鲁迅先生。"吴朗西回忆说，鲁迅先生"那时候正弯着腰在扎套裤上的脚带。长久没有剪过的头发，方方正正的面孔，炯炯有神的目光，这情景直到今天还栩栩如生地显现在我的眼面前"。①

第二次见到鲁迅，是在上海的内山书

---

① 吴朗西：《片段的回忆》，《文艺月报》1956 年 9 月号。

店。当时，鲁迅坐在店堂深处的桌子旁边，与内山先生、内山夫人谈天。在吴朗西的记忆中，他还是十多年前的模样，不过面貌似乎比从前清瘦一些。自此，吴朗西便会常去内山书店，总希望能够看见鲁迅先生。有时候遇到鲁迅在那里，他就特意走到桌子附近去看他。

而真正与鲁迅结缘，是源于编辑《漫画生活》。

20世纪30年代的上海，有一群具有正义感的青年画家，如黄士英、蔡若虹、黄鼎等，他们渴望通过自己的笔，用漫画的形式揭示社会的阴暗面。然而，当时主要的美术刊物《美术生活》是一本在政治上保持中间立场的杂志，对那些嘲讽社会现实的漫画不可能多用，也不宜多用。

于是，他们就与当时还在《美术生活》做编辑的吴朗西商量，能不能筹办一份具有警示社会性质的漫画刊物，利用漫画这种艺术手段表达对现实生活的态度，以嬉笑怒骂的形式让更多人看到社会弊端，让灾难深重的民众有所警觉。

这一建议与有着强烈社会责任感的吴朗西的办刊理念不谋而合，立即得到他的赞同。吴朗西的性格中有一个很鲜明的特点，那就是行动力极强。这种品质对于出版人而言也是至为可贵的。一旦下了决心，吴朗西就即刻开始了筹备工作。

由于之前的工作关系，吴朗西与印刷厂和发行单位都很熟悉，出版、发行都不成问题。于是，他与三一印刷公司商量，提出另办一个刊物，取名为《漫画生活》。

吴朗西的举动得到文艺界、美术界和公司的大力支持，《漫画生活》终于在1934年9月10日正式创刊。编辑为吴朗西、黄士英、黄鼎和钟山隐，而吴朗西是实际的主持者。

对于《漫画生活》的办刊理念，吴朗西在为《漫画生活》所写的《开场白》中作了明确说明："我们且翻开今天的节目来看看：战乱失业，灾荒、饥饿的大悲剧占据了这动乱时代的大舞台。生长在这个时代的大众的生活实在太悲惨了。然而在舞台的另一角却有少数在这火山口上跳舞享乐的人们。这样展开在我们眼前的世界是充满着何等的矛盾。不过我们相信这不调和的现象是应该消灭的，迟早是会消灭的。现在，我们这个小小的刊物在这样的时代中产生了。它只是一只摄取时代舞台上悲喜剧的镜头；陈列在读者面前的作品，也就是上演过的悲喜剧一幕一幕的写真。表演的情节：矛盾也罢，愉快也罢，悲苦也罢，我们只知道忠实地摄取，敬待读者自己去玩味，去证实，去认清，去批评。这便是我们这小小刊物的小小希望。"

《漫画生活》的创刊号上，介绍了苏联木刻家亚力克舍夫的作品《母亲》与《铁流》的插图，以后又陆续刊登了鲁迅培养的青年木刻家李桦、陈烟桥、赖少其等人具有革命性、战斗性的作品。在《漫画生活》上，吴朗西还以石生、静川等为笔名，翻译、撰写了许多文章，如翻译了日本冈本一平的《漫画论》和《西洋漫画史略》，撰写了《漫画家的素质》等。这些文章在当时产生了一定的影响，对中国漫画艺术具有一定的理论指导意义。

吴朗西直面现实生活的编辑思想得到了进步作家的认同，《漫画生活》杂志将近一半篇幅用于刊登杂文和讽刺小品，作者均是著名进步作家。

在茅盾、黄源的帮助下，吴朗西结识了鲁迅。吴朗西向鲁迅约稿，鲁迅爽快地答应了。于是，在《漫画生活》第 2 期上，即刊出了鲁迅的《说"面子"》一文。对此，鲁迅在 1934 年 10 月 5 日的日记中记有："上午寄漫画生活稿一篇"。这篇文章也标志着鲁迅与吴朗西正式交往的开始。后来，鲁迅又为《漫画生活》写了《阿金》、《弄堂生意古今谈》等文章。

1934年10月30日，鲁迅日记中再次记有："吴朗西邀饮于梁园，晚与仲方同去，合席十人。""仲方"即茅盾，同席还有黄源、许粤华等。在这次饭局中，吴朗西继续向鲁迅、茅盾等约稿。

因对吴朗西和《漫画生活》有了进一步的了解，鲁迅很重视这一刊物。所以，他把《漫画生活》作为一本"大受压迫"的进步刊物，郑重地向日本友人增田涉作了推广和介绍。1935年3月23日，鲁迅在向增田涉推荐《芒种》和《漫画生活》这两种刊物时说："《芒种》是反对林语堂的刊物，《漫画生活》则是大受压迫的杂志。"[1]

国民党图书检查机关很快也发现了《漫画生活》的进步倾向，《漫画生活》因而受到百般刁难。比如1935年底，鲁迅的讽刺小品《阿金》准备在《漫画生活》上刊出，结果检查人员不仅不准许刊登，还送到南京国民党中央宣传部去审查。

出版13期后，《漫画生活》被迫停刊，但鲁迅与吴朗西在出版方面的合作仍在继续。

二、"译文丛书"的诞生

从鲁迅日记可知，"从1934年10月至1936年10月，吴朗西的

---

[1] 鲁迅：《致增田涉》（1935年3月23日），《鲁迅全集》第14卷，人民文学出版社1991年版，第569页。

名字出现了五十余次（并不包括间接出现）"；鲁迅"晚年致函吴朗西19通，另有4通日记失记，总共23通（现存10通），有时甚至一天两通，绝大部分都是讨论和交代出版事宜"。① 显而易见，鲁迅晚年作品的出版与吴朗西和文化生活出版社有着非常密切的关系，吴朗西也被称作"鲁迅晚年最信任的出版家"。②

之所以能够得到鲁迅先生的支持，除了茅盾的引荐之外，前面提到的吴朗西的老友黄源更是直接促成了鲁迅与文化生活出版社的合作。对此，吴朗西说："鲁迅先生为什么对这刚开办的小小出版社这样信任？我想，是先生通过黄源了解到我们的情况，而有心支持我们的吧。"③

缘分的开始，就始于那套著名的"译文丛书"。

前面我们提到，黄源迫于情势，找到文化生活出版社求助，吴朗西、巴金二话不说，当即承揽了下来，伸出援助之手，尽管他们的经济实力远远不及已在出版界享有盛名的生活书店。

吴朗西得知了鲁迅的计划之后，便与巴金将"译文丛书"整体的构思、已有的译稿、拟议中的选题和翻译者人选，全部接收，并立即安排出版。吴朗西、巴金还慨然承诺，每交一部书稿就立即排版，至于稿酬，则按版税计。

他们与鲁迅商定，《死魂灵》即为"译文丛书"的第一部。

决定出版《死魂灵》后，1934年10月20日，鲁迅便将《死魂

① 陈子善：《吴朗西与鲁迅》，《不日记三集》，山东画报出版社2017年版，第91页。

② 黄源：《鲁迅晚年最信任的出版家》，上海鲁迅纪念馆编：《吴朗西先生纪念集》，上海文艺出版社2000年版，第5—9页。

③ 吴朗西：《鲁迅先生与文化生活出版社》，鲁迅博物馆鲁迅研究室编：《鲁迅诞辰百年纪念集》，湖南人民出版社1981年版，第190—191页。

灵》译稿及序交给吴朗西。从鲁迅写完最后一个字交出译稿那天开始，之后的十几天里，吴朗西几乎每天或者去鲁迅家，或者会收到鲁迅的来信。

在鲁迅日记中，10月25日、28日、29日、30日、31日，11月2日、11日、12日，均记载着吴朗西来访或是通信，与鲁迅商量《死魂灵》的出版工作。

11月16日，《死魂灵》第一卷就以极快的速度出版了，吴朗西亲自带着五本布面装订本送到鲁迅家里。

"译文丛书"的第二部作品则是茅盾翻译的《桃园》，这是作为介绍弱小民族短篇小说出版的，包括了土耳其、荷兰、匈牙利、希腊、罗马尼亚、波兰、秘鲁等国家和地区的作家作品，共15篇。

这两本名家所译作品的出版不仅为"译文丛书"带来了声誉，而且也预示了丛书一个独特的方向——介绍俄国进步文学和弱小民族的文学。此后，"译文丛书"又出版了许多进步作家的优秀作品。

就这样，在鲁迅精神的引领下，文化生活出版社的"译文丛书"具有了自己风格鲜明的显著特色：凸显现实主义精神，介绍优秀、进步的俄国文学和弱小民族的文学。可以说，"译文丛书"一经出版，便引起了广泛的关注。

对此，巴金曾经回忆说：

上海文化生活出版社成立后一年，1937年4月我们几个从事编辑工作的朋友约好游览西湖。我们住在湖滨小旅馆里……丽尼和陆蠡也在这些人中间。当时文生社正在编印《译文丛书》，出版了《果戈理选集》，首先印出了鲁迅先生译的《死魂灵》，引起读者的注意。①

后来，大家计划出版更多的俄国文学名著，便提出了再出一个《屠格涅夫选集》。丽尼第一个报名，选了《贵族之家》和《前夜》；陆蠡选了《罗亭》和《烟》；剩下的《父与子》和《处女地》就归巴金翻译。《贵族之家》、《前夜》、《罗亭》和《烟》在 1937 年到 1939 年间相继出版，而巴金由于忙于编务，为出版社的业务辗转于重庆、桂林等地，1942 年在桂林定居下来之后，才开始翻译《父与子》。

为了赶出版的进度，巴金译好一半，就送到印刷局去排印，作为《父与子》的上卷出版。因为当时邮局寄递书报只收小卷邮件，《父与子》分为上下二册也便于销售。《父与子》最初的版本是用土纸印刷，抗战胜利后在上海又出了合订本，仍由文化生活出版社发行。而《处女地》的篇幅较长，便分为三小册印刷。

检阅"译文丛书"的书目，我们可以看到，俄国重量级作家果戈理、普希金、屠格涅夫、托尔斯泰、契诃夫的重要作品，在文化生活出版社都有出版，这些作品中所描述的人与事，在中国的土地上都有其回响，震撼了无数读者的心。

三、《故事新编》与《夜记》

文化生活出版社从创办之初到早期发展，都得到了鲁迅的关怀和

---

① 巴金：《致树基·代跋》，《巴金译文全集》第二卷，人民文学出版社 1997 年版，第 539 页。

支持，正如巴金后来所说的："譬如文化生活出版社，要是没有他的帮助，就不会有以后的发展。"

从鲁迅日记可以看到，文化生活出版社第一批书出版不久，鲁迅就收到了丽尼翻译的《田园交响乐》。后来，鲁迅又答应吴朗西的邀请，将自己翻译的《俄罗斯童话》交给文化生活出版社出版，收入"文化生活丛刊"，作为第二批书之一。

1935年8月，《俄罗斯童话》开始排版，22日，吴朗西将校稿寄给鲁迅，鲁迅在日记中记载："得吴朗西信并《俄罗斯童话》校稿一帖，至夜校毕。"隔天上午，他将校稿寄还给吴朗西。25日，吴朗西又写信给鲁迅征求出版意见，鲁迅当即复信。

到9月上旬，《俄罗斯童话》便正式出版，出版速度之迅疾，由此可见一斑。

鲁迅在文坛上具有很高的声望，他所译的又是苏联作家高尔基的作品，这部译稿的出版，对尚处草创时期的文化生活出版社的巩固发展有着重要的作用。该书在40年代曾多次重印。

9月11日，鲁迅收到吴朗西寄来的10本《俄罗斯童话》。就在当天，黄源写信邀请鲁迅到南京饭店吃饭，这也就促成了9月15日那场著名的会面。

正是在9月15日的见面中，不仅谈妥了"译文丛书"的出版，吴朗西、巴金还对鲁迅谈起了编辑中的"文学丛刊"第一集的计划，邀请鲁迅编一个集子，鲁迅当场就答应了。过了两天，鲁迅让黄源把书稿的名字和内容告诉吴朗西、巴金，这就是鲁迅的最后一个小说集《故事新编》。

吴朗西、巴金他们为鲁迅出书，绝不是为了盈利，也绝不是为了名气，而是对鲁迅怀有深深的敬意，希望所出的书让鲁迅先生满意。

吴朗西在 1980 年 6 月所写的一篇文章《鲁迅先生与文化生活出版社》中，有一段十分动情的回忆：

在这短短的一年多的时间里，由于出版事务的关系，我经常接近先生。

我每次从先生那里回来，总是把先生的情况告诉大家。我们每一个人都很关心先生的写作，关心先生的生活情况，关心先生的身体健康。

我们每拿到先生的一部稿件，每出版了先生的一部书，我们是多么欢欣鼓舞啊！①

对此，巴金也回忆说，"（当时）刊物的销路有多有少，各有各的特色，一份刊物团结一些作家，各人喜欢为自己熟悉的杂志写稿。这些刊物不一定就是同人杂志。我们有一个共同的地方：敬爱鲁迅先生。大家主动地团结在先生的周围，不愿意辜负先生对我们的关心。"②

也正因为在"译文丛书"的出版中吴朗西、巴金出手相助的义举，鲁迅在实际的工作中对吴朗西、巴金有了比较深入的了解，才会在《答徐懋庸并关于抗日统一战线问题》一文中有对巴金的中肯评价。"反

---

① 吴朗西：《鲁迅先生与文化生活出版社》，鲁迅博物馆鲁迅研究室编：《鲁迅诞辰百年纪念集》，湖南人民出版社 1981 年版，第 191 页。

② 巴金：《怀念胡风》，《巴金全集》第 16 卷，人民文学出版社 1991 年版，第 736 页。

之，鲁迅对巴金的认识，不可能有这么深刻。"①

出于对鲁迅的关心，吴朗西他们总是为鲁迅的身体担忧，不希望他过于劳累。吴朗西还常劝他去日本温泉地带休养一下，也可以换一换空气，可是鲁迅却总是说"再看吧"。②

在允诺《故事新编》的书稿时，鲁迅还有三四篇没有动笔写。不久，文化生活出版社在登出的广告中提到，"文学丛刊"第一集16本计划在旧历新年前出齐。

没想到的是，鲁迅看到广告，不愿耽误出版社的出版计划，竟日夜加班，带病赶写，两个月内连续写出《理水》、《采薇》、《出关》、《起死》四篇历史小说，编好了《故事新编》，很快把稿子送来了。这件事使得吴朗西、巴金无比感动，而《故事新编》作为鲁迅晚年最重要的作品之一，为文化生活出版社带来了巨大的声誉，此书在文化生活出版社重版12次之多。

"文学丛刊"第一集出版不久，巴金又想请鲁迅为丛刊的第四集编一个集子，鲁迅同样很爽快地答应了。

那时鲁迅正在病中，但他坚持写了《半夏小集》、《这也是生活》、《死》、《女吊》等几篇文章，放在一处，开始做编《夜记》的准备。遗憾的是，鲁迅最终没能编完这本《夜记》。后来，许广平为实现鲁迅遗愿，代他编成，并写了后记，交与文化生活出版社出版。

---

① 秋石：《巴金与黄源通信解读》，《粤海风》2010年第1期。
② 参见吴朗西：《片段的回忆》，《文艺月报》1956年9月号。

四、鲁迅的鼓励与支持

鲁迅不仅将自己晚年的著作、译作都交与文生社出版，还把自己欣赏的青年作家的作品介绍给文化生活出版社。

他写信给萧军说："有一个书店，名文化生活社，是几个写文章的人经营的，他们要出创作集一串，计十二本，愿意其中有你的一本……"① 此后萧军的许多创作便都交由文化生活出版社出版。其中收入"文学丛刊"的就有四部：《羊》、《绿叶底故事》、《江上》、《十月十五日》，此外还有一部巨著《第三代》收在"现代长篇小说丛刊"中。

在出版业务上，鲁迅也花费了不少精力和时间，给予他们指导。从出书清样的校对、封面的设计，到纸张选择、插图安排，几乎都涉及了。

鲁迅在给吴朗西、巴金的信中，经常谈到出版技术方面，其考虑之周密，实可为出版工作史上的佳话，如：

> 今送上六尺云化宣纸一百零五张，暂存社内，俟序文校毕后应用。
>
> 印时要多印五张，以便换去印得不好的页子的。
>
> （一九三六年五月十八日致吴朗西）

这里提到的是关于鲁迅编辑的《凯绥·珂勒惠支版画选集》（缩印本）

---

① 鲁迅：《致萧军》（1935年9月10日），《鲁迅全集》第13卷，人民文学出版社1991年版，第208页。

的印制问题。此外，鲁迅还在多封信中谈到他对出版的想法，比如：

> 校样收到。未见纸版，不知已打否？如未打，有三处要改
> 正，改后再打。如已打好，那就算了。希将纸版交下。
>
> （一九三六年五月十八日致吴朗西）
>
> 里封面恐怕要排过。中间一幅小图，要制锌版；三个大字要
> 刻起来；范围要扩大（如另作之样子那样），和里面的图画的大
> 小相称。如果里封面和序文，都是另印，不制橡皮版的，那么，
> 我想最好是等图印好了再弄里封面，因为这时候才知道里面的图
> 到底有多少大。
>
> （一九三六年二月四日致巴金）

正是由于鲁迅的严格要求与以身作则，使得吴朗西、巴金等文生社同人在具体编辑业务上获益良多。

正如巴金所说的："我不能不想到自己工作的草率和粗心，我下决心要向先生学习，才发现不论是看一份校样，包封一本书刊，校阅一部文稿，编印一本画册，事无大小，不管是自己的事或者是别人的事，先生一律认真对待，真正做到一丝不苟。他印书送人，自己设计封面，自己包封投邮，每一个过程都有他的心血。……了解越多，我对先生的敬爱越深。我的思想，我的态度也在逐渐变化，我感觉到所谓潜移默化的力量了。"①

文化生活出版社规模小，人力也少，从组稿、审稿、校对到插

---

① 巴金：《怀念鲁迅先生》，《巴金全集》第 16 卷，人民文学出版社 1991 年版，第340—341 页。

图、装帧，作为总编辑的巴金许多事情都要亲自做。在给沈从文的一封信中，巴金说到，有的校样"大半是疙里疙瘩的译文，要改，不知道从什么地方下手改；不改，又觉得连自己也看不懂，更不好意思拿去折磨读者"。

巴金对编辑工作认真负责、精益求精的精神随处可见。一次，巴金发现已送到印厂的《草原故事》稿子中还有错字，便直接到负责印刷的华文印刷所找排字工人，等着他改好。偏偏那个年轻工人急着下班赴女友的约会，很不情愿，巴金"缠住他不放，又讲了不少好话，终于达到了目的"。

又比如，巴金曾给《人民日报》一位编辑写信，请他改正即将发表的自己给沈从文的一封信中的一个错字。原文是"写小说不是一个再平常没有的事么？"他提醒编辑将文中的"一个"改为"一件"。[1]

除了吴朗西、巴金，文化生活出版社的其他工作人员也都对鲁迅怀有深深的敬意。鲁迅先生对书稿清样校对得十分认真和仔细，使他们都感佩之至，他们都是学着鲁迅先生这种认真负责的精神，从事编辑出版工作，把一本本优秀作品介绍给广大读者的。

除了书稿方面的大力支持，编辑业务方面的提点之外，鲁迅还在很多方面对文化生活出版社的工作给予不断的帮助与指导。

1935 年 11 月，在出版了鲁迅翻译的果戈理的《死魂灵》后，孟十还在上海书店发现了俄国阿庚画、培尔那尔特斯基刻的《死魂灵百图》画册，鲁迅对其十分欣赏，决定将它翻印出来。

鲁迅非常看重版画艺术，但考虑到对该画册印成后的销售情况没

---

① 参见陈琼芝：《生命之华——巴金》，山东画报出版社 2001 年版，第 69—70 页。

有把握，便决定自己出钱翻印，由文生社发行。于是，鲁迅托黄源拿来 700 元作为出版的经费，让吴朗西用来周转。一直到书销售完，问清了确实没有困难后，才把钱收回。

这一举动，充分反映了鲁迅对刚创办不久的文生社的关心和爱护。

鲁迅很喜欢装帧特别的精装书。当年，将鲁迅的《短篇小说选集》译为英文的姚克请吴朗西特地印了精装的《魔鬼的门徒》一本送给鲁迅。

姚克回忆说：

> 我把两本书送给他，他很高兴。那本《魔鬼的门徒》是特别精装的，纸张和装订都很华美，先引起了他的"书癖"的兴趣。他尤其爱那南京织锦的书面，详细问我每本的装订费用。
>
> "我也是喜欢书本装订得这样美丽的，"他笑着说，"只可惜价钱太贵，不能普及。"[1]

因此，当鲁迅精心策划《死魂灵百图》的精装本时，便主张用绸面，因为绸面既美观而价钱又不太贵。

鲁迅先生的这些观念对吴朗西、巴金这些年轻人有着深刻的影响。"文学丛刊"第一集问世后，便在书后附有一段《编者的话》："我们可以给读者担保的，就是这丛刊里面没有一本读者读了一遍就不要再读的书。而在定价方面，我们也力求低廉，使贫寒的读者都可以购

---

[1] 姚克：《最初和最后的一面》，《中流》1936 年第 1 卷第 5 期。

买。我们不谈文化，我们也不想赚钱，然而我们的《文学丛刊》却也有四大特色：编选谨严，内容充实，印刷精良，价格低廉。"文化生活出版社一方面力图能够提供给读者价格低廉的平装书（这些书虽是平装，但其版式、开本的设计均能看到出版者的用心），另一方面也会特别装订少量的精装书赠给作者，既是纪念，也更体现出装帧之美。

为了达到鲁迅的要求，吴朗西负责整体的印刷品质的保障。他和负责设计装帧的钱君匋一起外出选购纸张和绸面，跑了好多家布店，终于在河南路（近北京路）的一家湖州绸庄看中一种蓝绿色的绸子。经鲁迅同意，最终选用这种绸面做该画册的用料。这本书的精装本并不比特制本逊色，完全符合鲁迅既为读者着想，又充分考虑艺术效果的初衷。

《死魂灵百图》后来印普通封面 1000 册，绸面 500 册，与鲁迅以前翻印的画册一样，署名三闲书屋翻印，并印上文化生活出版社发行的字样。

在《死魂灵百图·小引》的最后，鲁迅特别写下这样一句话："至于校印装制，则是吴朗西君和另外几位朋友们所经营。这都应该在这里声明谢意。"当吴朗西把印好的 50 本精装《死魂灵百图》送到鲁迅家后，就见"那写文章的巨手，会把邮包也包扎得这样整整齐齐"。吴朗西十分惊讶，鲁迅突然风趣地说："我是在南货店学过生意的啦。"①

不过遗憾的是，《死魂灵百图》虽然采用了照相平板技术，在印工上可以说花了大力气，但工艺还是有不足之处，与鲁迅的要求仍有

---

① 参见吴朗西：《鲁迅先生与文化生活出版社》，鲁迅博物馆鲁迅研究室编：《鲁迅诞辰百年纪念集》，湖南人民出版社 1981 年版，第 192—195 页。

距离。当鲁迅看到最初的样书，发现这一缺点时，已来不及补救。对此，鲁迅在 1936 年 5 月 4 日致曹白的信中说："《死魂灵图》（即指《死魂灵百图》——引者注），你买的太性急了，还有一种白纸的，印的较好，正在装订，我要送你一本。至于其中的三张，原是密线，用橡皮版一做，就加粗，中国又无印刷好手，于是弄到这地步。至于刻法，现在却只能做做参考，学不来了。"①

对鲁迅的体谅，吴朗西十分感动；但书没有印到位，他更多感到的是难过，也把这件事始终记在心中。

除了《死魂灵百图》，文化生活出版社还刊印过另一种版画集，那就是《凯绥·珂勒惠支版画选集》。

《凯绥·珂勒惠支版画选集》最初曾以三闲书屋的名义印刷，鲁迅还托请史沫特莱作序。书中，收录了鲁迅精心收集的珂勒惠支的铜版、石版画 21 幅，选用中国宣纸印制而成。当时这本画册印数只有103 本，其中 40 本作为赠送本，30 本送往国外，余下外卖的只有 33本，因此鲁迅很希望能够再次翻印。他在画册扉页上特别题下"有人翻印，功德无量" 8 个字。

后来，鲁迅授权文化生活出版社，印出了这本画册的缩印本，其中精装 500 册，平装 1000 册。缩印本由吴朗西经手操办，用锌版制成，作为"新艺术丛刊"第一种出版。原来鲁迅打算继续选编丛刊的后续书目，然而，病魔却在不久后夺走了他的生命。

在印制《凯绥·珂勒惠支版画选集》的缩印本时，鲁迅原来也打算自己出钱印，而吴朗西再三对他说："文生社的经济情况和一年前

① 鲁迅：《致曹白》（1936 年 5 月 4 日），《鲁迅全集》第 14 卷，人民文学出版社 1991年版，第 88 页。

两样了，资金周转没有问题，而且这本书印出来一定有销路，不会赔本。"① 这样，鲁迅才同意由文生社来翻印出版。

在印制的过程中，吴朗西与鲁迅商量是否采用铜版。可是，试制了一张铜版，打出样张之后，发现质量还是未能达到预想的效果。

于是，吴朗西便再去找柳溥庆商量。柳溥庆此时是华东照相印刷公司负责人，他对上次未能完全印好《死魂灵百图》也觉得很抱歉，表示这次照相、制版、印刷全过程都由自己照看，保证印得让鲁迅满意。此时，鲁迅身体有恙，吴朗西便向柳溥庆提出，画册不但要印得好，而且要印得快，能够让鲁迅早日看到成品。

1936 年 10 月 9 日，《凯绥·珂勒惠支版画选集》缩印本打出了印刷大样，吴朗西及时把大样拿到鲁迅家，鲁迅看后表示满意，该书才正式付印。

10 月 16 日，吴朗西从装订房里提前拿到几本精装本，立即送到鲁迅家中。鲁迅躺在藤椅中，看后说："这本版画印得还可以，装帧也美观大方，以后的画集就照这样印，一个月可以印一本吧？"吴朗西表示"完全可以"。② 看到当时鲁迅的精神状态很好，吴朗西也为终于完成先生嘱托而感到喜悦。

第二天，鲁迅抱病来到日本朋友池田幸子的寓所，亲手将两册画集和其他几本书送给日本朋友。然而，令所有人都没有想到的是，仅仅两天之后，鲁迅因为受了风寒，气喘复发，于 10 月 19 日与世长辞。

---

① 吴朗西：《鲁迅先生与文化生活出版社》，鲁迅博物馆鲁迅研究室编：《鲁迅诞辰百年纪念集》，湖南人民出版社 1981 年版，第 196 页。

② 周国伟：《缅怀鲁迅好友吴朗西》，上海鲁迅纪念馆编：《吴朗西先生纪念集》，上海文艺出版社 2000 年版，第 105 页。

鲁迅去世后，吴朗西与出版社同人万分悲痛。他在回忆陆蠡时写道："圣泉控制着悲痛对我说，我们应该加倍做好文生社的工作来纪念鲁迅先生。他这样说了，也这样做了。"①

在筹备鲁迅葬礼的过程中，吴朗西与黄源、胡风、巴金等一心扑在治丧工作上，参与了治丧的全部过程。出殡那天，他和巴金、黄源等人抬扶鲁迅灵柩上车，是抬棺入穴的16位青年文学工作者之一。这16位青年深得鲁迅信任，也为捍卫鲁迅先生的文学理念而矢志不渝，勇敢斗争。

葬礼结束后，吴朗西迅速编出鲁迅纪念图片一套，以鲁迅纪念委员会的名义，由文生社出版。纪念图片共11张，内容包括：鲁迅先生像、书桌、鲁迅先生遗容、灵堂、万国殡仪馆门外、青年作家扶柩上灵车、灵车、出殡行列、执绋者、宋庆龄演说、坟。

为了安葬鲁迅，吴朗西甚至连正在医院里备产的妻子也无暇探望。一周后，吴朗西的长子出生，他为儿子取名"念鲁"，作为对鲁迅人格与精神的永远纪念。后来，吴朗西和黄源又全权负责《鲁迅先生纪念集》的编辑出版事宜，克服了资金、印刷等方面的困难，在冯雪峰、许广平的支持下，终于赶在鲁迅逝世一周年纪念日那天出版了《鲁迅先生纪念集》，献上了一份珍贵的纪念品。

黄源晚年有一段深情的回忆。他说："当时的上海有很多出版社，但鲁迅那时要出版一本书却很困难。吴朗西给鲁迅出书的时候，绝不仅仅是为了赢利，主要的是尊崇鲁迅、敬重鲁迅，而他的出版社也不是一个商业性的出版社。所以鲁迅说他们是几个文化人办的书店，比

---

① 吴朗西：《记文化生活出版社的人和事——怀念陆圣泉》，《出版史料》1982年第3期。

较好。现在想想，鲁迅这么样一个人物，到晚年的时候，处境也是困难的。吴朗西和文化生活社是真正诚心诚意地站在文化工作的立场上，全心全意为鲁迅服务、尽力的。吴朗西是一个文化人，他创办的文化生活社，同巴金一起，编印书籍，是属于进步文化阵营的，在支持进步文化事业上起到了很大的作用。"①

这是对吴朗西等文生社同人团结在鲁迅先生周围，用自己的实际工作支持鲁迅先生的最好的说明。

他们信仰鲁迅、尊重鲁迅、追随鲁迅，以认真负责的敬业精神赢得了鲁迅的信任。他们与黄源，与主编《申报·自由谈》、《中流》的黎烈文，与主编《作家》的孟十还，与主编《文季丛刊》的靳以，与主持良友图书公司的赵家璧一起，有力地支持了鲁迅的抗争，同时还为鲁迅周围的进步文学青年提供了在文坛大显身手的阵地，使这样一群受到鲁迅培育的年轻人更好地发挥他们的艺术才华，"克服党派与宗派的争斗，超越流派与社团的局限，在独立于官方势力与左翼宗派势力之外，自然而然地形成了一种新的力量"②。

---

① 黄源：《鲁迅晚年最信任的出版家》，上海鲁迅纪念馆编：《吴朗西先生纪念集》，上海文艺出版社 2000 年版，第 8 页。

② 陈思和：《人格的发展——巴金传》，上海人民出版社 1992 年版，第 179 页。

吴朗西（1904—1992）

里爾斯歷險記

I

塞爾瑪·拉格勒夫著　吳朗西譯

吴朗西翻译的《里尔斯历险记》封面

鲁迅先生与文化生活出版社

　　文化生活出版社（以下简称文生社）草创不久，鲁迅先生就把他的《俄罗斯童话》译稿交给我们。这本书于三六年九月出版，是巴金主编的"文化生活丛刊"第三种，也就是文生社出版的第三本书。接着，先生翻译的《死魂灵》作为黄源主编的"译文丛书"第一种，于三五年十一月出版。先生生前编定的最后一部作品算《故事新编》列入巴金主编的"文学丛刊"第一集，于三六年一月出版。先生编印的"凯绥·珂勒惠支版画选集"编印本，作为"版画丛刊"第一种，于先生逝世前三天，三六年十月十六日出版。

　　另外，先生自己出资，由文生社经售的《死魂灵百图》于三六年五月出版。

　　还有，阿罗版"凯绥·珂勒惠支的画选集"内的文字部份是由文生社经手排印的。

　　鲁迅先生为什么会对小小的文生社这样信任，我想是先生看了黄源介绍到我们的缘故，而有心扶助我们的吧。

　　在短短的一年多时间里，由于出版事务关系，未经常

吴朗西《鲁迅先生与文化生活出版社》手稿

有一次，我所立的地方，下面折断了一根枝权，羊便狂奔而去。在傍晚，有一次，我們对羊完全接近了。菌加巴话把盐放在手上，去引诱牠。当时她看见羊耳朵上的伤痕，知道這是临時蒲的羊，並不是我們的。完了！這一天浪费過去了。我們不得不打算回家。可是我們迷了路，不知道自己现在在甚么地方。天下雨了。從出門到现在，我們穿過湿地和泥足，從脚到腰部以上都弄湿了。现在天下雨，又要從上面湿到下面了。菌加蔥了冷。我把我的短衣给她穿。我們再爬到一個山脊上，去辨別方向。她在那兒把方向搞不清楚。後来到了另外一個山頂上，我也搞不清楚。

结果，到了黑夜，我們终於回到了家裡。菌加以為没有把羊领回来是一種耻辱，不願看見任何人。她悄悄地從後門走進家去。我的幻想也就落空了。

第二天，她的母親出去，下午就带了羊群回家来。

吴朗西翻译的《童年与故乡》（文字系丰子恺书写）

在日本的吴朗西、柳静幼子吴念圣受东京大学藤井省三之托，给父母写信问询武田武雄一事。此时吴朗西身体甚差，柳静就此事写信请教巴金。此信便是巴金对此问题的答复（本页图分别为该信信封与信函内容）

晚年吴朗西

第四章

"理想园地的开拓者"

——吴朗西与巴金

一、相识之初

据吴朗西回忆，他与巴金相识于 1922 年。

"当时我在上海吴淞中国公学中学部读书，巴金在南京东南大学附中读书。暑假期间我去过南京，是否当时在南京见面，还是以后在上海见面，我就记不清楚了。"① 后经吴念圣分析认为，巴金 1923 年 5 月离开成都，同年秋进入上海南洋中学，年底去南京，进东南大学附属高级中学补习班学习，故二人的见面时间当

---

① 丹晨：《柯灵、艾芜、田涛、魏绍昌、吴朗西、李采臣等谈巴金的书信》，《新文学史料》2005 年第 4 期。

为 1923 年。①

尔后，他们各奔东西，吴朗西去了日本，巴金去了法国。1931 年 10 月，两人又在上海不期而遇。

20 世纪 30 年代初期，巴金去福建泉州，当时吴朗西在泉州平民中学做教师。平民中学的教师中巴金的朋友有叶非英、陆蠡、伍禅等。另外，黎明高级中学教师中巴金的朋友还有丽尼、郎伟等。

巴金曾在文中说，他数次南下，在福建看到许多动人的画面，这些在用自己的心去办教育的朋友们那种忠于理想、"从我做起"的刻苦作风使他感动。后来，他在回忆时动情地说："我去看望他们，因为我像候鸟一样需要温暖的阳光。"②巴金感慨地说，这些朋友是真正的理想主义者，他们真诚、纯朴、不自私，他们"并不空谈理想，不用理想打扮自己，也不把理想强加给别人。他们忠于理想，不停止地追求理想，忠诚地、不声不响地生活下去、追求下去。他们身上始终保留着那个发光的东西，它就是——不为自己"③。

可以说，福建之行进一步加深了吴朗西与巴金之间的深厚情谊，也使得他们对彼此的理想有了更为深入的了解。

1934 年 7 月，巴金从北京回到上海。曹禺在这一年的春假到日本旅游过一次，回来后谈起日本的情况，引起巴金去日本看看的兴趣。在吴朗西等一批留日同学的鼓动下，巴金决定去日本。吴朗西就给日本朋友武田写了一封信，问他愿不愿意接待一个叫"黎德瑞"（这

---

① 参见吴念圣编：《吴朗西年谱》，《吴朗西文集》，上海书店出版社 2014 年版，第 485 页。

② 巴金：《怀念非英兄》，《巴金全集》第 16 卷，人民文学出版社 1991 年版，第 704 页。

③ 巴金：《致树基·代跋》，《巴金全集》第 6 卷，人民文学出版社 1991 年版，第 480 页。

是巴金的又一个曾用名）的中国人。武田表示欢迎。武田是日本外国语学校中国语文科毕业的，当时在东京外国语学校教中国语文。巴金到日本后，在武田家住了三个月，完成了一组随笔和三篇小说，其中两篇《神》和《鬼》都是以武田为原型的。

此后，吴朗西和巴金两人虽依然分处两地，但丝毫不影响彼此的紧密联系。

文化生活出版社始创时，巴金还在日本东京，而吴朗西不仅第一时间向他约稿，更希望巴金能够回国主持编辑工作。

对于刚刚成立的文生社而言，书稿并不是很多，有着编辑《美术生活》和创办《漫画生活》经历的吴朗西也是可以独当一面的。但吴朗西把眼光放得更远，他知道仅靠两三个人，很难打开局面，出版社的发展需要有更多人的支持。基于这种考虑，吴朗西很自然地想起他的同乡兼友人巴金。

吴朗西发出诚挚的邀请，除了认为"巴金在当时已是拥有广大读者的有名作家，他有搞编辑工作的经验，他做事认真、负责"[1] 之外，更重要的是他认为巴金与他们有着共同的理想。

因此，当吴朗西与伍禅、丽尼、柳静等"在上海这块险恶又不乏机会之地开拓出了他们实践理想的园地——文化生活出版社"[2] 之后，他便第一时间写信给在日本的巴金，告知巴金创办出版社的事情，坦诚表示希望能够请到他回来担任总编辑。

吴朗西回忆说：

---

① 吴朗西：《文化生活出版社的创建》，《新文学史料》1982 年第 3 期。
② 李浩：《理想园地的开拓者——吴朗西与文化生活出版社》，上海鲁迅纪念馆编：《吴朗西先生纪念集》，上海文艺出版社 2000 年版，第 164 页。

我们出第一批书时巴金在日本，在这以前我同他谈过出书的设想，这时我便给他写信索稿，并要他回来主持编辑工作（我们出的《文化生活丛书》就是用他的名义编辑的）。从巴金那儿我们取到两部稿子，一部是柏克曼的《狱中记》，巴金翻译；另一本是他自己写的《俄国社会运动史话》。我又通过黄源向鲁迅先生联系，先生把他翻译的《俄罗斯童话》（高尔基著）给了我们。另外我自己搞了一本德国亨利·遮勒的《柏林生活素描》，这几本书作为文生社的第二批书，在九月底以前出版。这样就为文生社打下了基础。这些书都作为《文化生活丛刊》。八月底巴金回国，他负责社里的编辑工作，着手办第二种丛书《文学丛刊》。巴金在北京时和靳以、郑振铎一起编过《文学季刊》、《水星》等刊物，认识不少北方作家。起先巴金为北京立达书店编一套《文学丛刊》，共十本，书店支付给他们三百块钱，但书好几年未印出来，巴金任文生社编辑后，由文生社支付三百元给立达，将这批稿子取回来，其中就有曹禺的《雷雨》、沈从文的《八骏图》、李健吾的《以身作则》、卞之琳的《鱼目集》等。我们在这基础上又加了鲁迅的《故事新编》、茅盾的《路》、巴金的《神鬼人》等六本，凑起十六本，作为《文学丛刊》的第一集。接着黄源主编的《译文丛书》也出版了，第一本是鲁迅先生译的《死魂灵》。这半年内出了三种丛刊，文生社便初具规模了。[①]

得知吴朗西等创办文化生活出版社的消息后，巴金十分高兴，更

---

① 陈思和、李辉：《记文化生活出版社》，《新文学史料》1982 年第 3 期。

被朋友们执着、乐观的态度深深打动。他不仅立即答应把自己的一本译作《狱中记》、一本著作《俄国社会运动史话》交给他们出版，并欣然接受邀请，挑起总编辑这副重担。

1935 年 8 月，巴金放弃了手头的其他工作，返回中国。9 月，正式出任文化生活出版社的总编辑，并在上海定居下来。这一干就是14 年。

巴金回忆说："朋友们试办出版社，约我参加工作，我认为自己可以做点事情，就答应下来。那时文艺书销路差，翻译小说更少人看，一本书的印数很少，不过一两千册，花不了多少成本。朋友们积了一笔钱，虽然不多，但几本书的印刷费总够支付，其余的则靠个人的义务劳动，出版社就这样地办了起来。从几本书到几十本书，几百本书，出版社遭遇了大大小小的灾难，一位有才华的散文家甚至为它遭到日本宪兵队的毒手、献出了生命。"①

对巴金而言，参加文化生活出版社的工作成为他一生中一个极其重要的转折点。如果说，写作仅仅是巴金政治社会理想不自觉的宣泄，被他视为社会政治活动的延续，20 世纪 30 年代已经开始的部分期刊编辑活动使他的热情有所寄托，那么，在文化生活出版社的编辑工作则成了巴金完成知识分子自我转型的新岗位。可以说，出任文化生活出版社总编辑之后，巴金对政治的热情完全转换成一种新的践履理想的实践兴趣，并在这一岗位上做出了卓越的贡献。

---

① 巴金：《上海文艺出版社三十年》，《巴金全集》第 16 卷，人民文学出版社 1991 年版，第 412 页。

二、风雨同舟的十四年

文化生活出版社"完全不同于一般书商经营,既非官办,又不是个人独资创立,也不是几位老板有意文化,投资合股经营,更非规章齐全的有限公司组织,仅是当时三个从事文化工作的青年,既不为名更不是图利,全凭忧国忧民之思以满腔之热忱,要在乱世中为祖国文化积累做点贡献。虽是'经商',却视之为实现自己理想的事业,锲而不舍地埋头实干下去"①。

文化生活出版社创办后,吴朗西不仅自己积极投入出版社的工作,还不断地寻找自己的同路人与合作者,力邀巴金回国主编"文化生活丛刊"。当时,巴金正在努力寻找着释放自己生命火花的方式与途径,文化生活出版社的成立正为其一心奉献、不计报酬、不计名利的心愿提供了一个切实的岗位,因此他欣然接受邀请,出任文化生活出版社的总编辑,与吴朗西并肩走过了风雨同舟的 14 年。

对自己在文化生活出版社 14 年的编辑经历,巴金的总结是:"我在文化生活出版社工作了 14 年,写稿、看稿、编辑、校对,甚至补书,不是为了报酬,是因为人活着需要多做工作,需要发散、消耗自己的精力。我一生始终保持着这样一个信念:生命的意义在于付出、在于给予,而不是在于接受,也不是在于争取。"的确,巴金在接受吴朗西的邀请,出任文化生活出版社总编辑之后,便在编辑的岗位上默默地垦殖与播种。

---

① 李济生编著:《巴金与文化生活出版社》,上海文艺出版社 2003 年版,第 39 页。

而在文化生活出版社创建、发展、壮大的过程中，可以说巴金与吴朗西各自起到了关键的作用。他们两人精诚合作，分工明确，配合默契，成就斐然。

吴朗西对巴金的工作十分尊重，从不以创始人、总经理的身份加以干涉。吴朗西同巴金共同主持出版社的时间最长，两人的任务、分工也十分明确：

> 巴金主持编辑业务，管理出版社，先后主编《文化生活丛刊》、《文学丛刊》、《译文丛书》（先由黄源主编，后由巴金主编）、《新时代小说丛刊》、《呐喊文丛》、《烽火小丛书》、《现代长篇小说丛书》、《文学小丛书》等，出版了大量的优秀文学创作与世界名著。吴朗西则是负责出版社经济的筹划与调拨，对外一切都由他出面洽谈。在处理好作家和编辑部，出版社与印刷厂的各种关系方面，吴朗西作了大量的工作。①

显然，他们两人的合作极为默契、相得益彰。巴金自己也有一段文字回忆当年办文化生活出版社的往事：

> 1935 年 5 月，我在东京开始试译屠格涅夫的《散文诗》，当时颇想在半年内完成这件小小的工作。可是后来不知道为什么缘故，只译了十首就搁笔了，现在回想起来，文化生活出版社的创办应该是一个原因。但这并非说我是文化生活出版社的创办

---

① 艾春、丁言昭：《吴朗西的编辑生涯》，《编辑学刊》1986 年第 2 期。

人。不是。我回国时文化生活社第三本书已经在排印中了。我是受文林兄（即吴朗西——引者注）那种乐观的态度的感动，才决心参加他这吃力不讨好的工作（我说："吃力不讨好"，并非菲薄这种工作，只是因为在我们这样的人来做它，的确是"吃力不讨好"的。在别人，那又是另外一回事了）。可是一经"参加"之后（虽说我只是一个赞助人），我的脚就给绊住了。我自己的许多工作也就被耽搁下来。屠格涅夫的散文诗的试译也应是其中之一吧。①

在文生社的发展历程中，资金不足始终是一个严重问题。在资金调动方面，吴朗西可以说是殚精竭虑。除了创办时期向亲友借贷之外，到 1936 年初，吴朗西得到任和成银行总经理的亲戚吴晋航的支持，后又得到川康银行的支持，他们分别给予文化生活出版社 3000 元的透支额度。这样一来，文化生活出版社的流动资金周转才真正有了保证。

同年夏，柳静的另一位哥哥柳培庆去日本，将 5000 元存款借给文生社，出版社用于经营业务方面的资金也就更充裕了。于是，吴朗西便把编辑部和营业部分开，编辑部仍放在昆明路，营业部则搬到了山西路（汉口路与福州路之间）。

同时，也是在这一年的秋天，文化生活出版社出版的书籍不再委托开明书店经售，而是自己办起了发行工作，营业部则迁移到福州路 436 号《大公报》营业部的楼上，由俞福祚担任主任。这样，出版社

---

① 参见文化生活出版社 1945 年 3 月出版的《散文诗》译后记。

的天地也就更广阔了。

有了资金的有力支撑，加之总编辑巴金的选题统筹，文化生活出版社进入了发展最迅速的时期，出版规模快速增长，经营蒸蒸日上。

从 1935 年 5 月创建，至 1937 年卢沟桥事变后全面抗战爆发，文化生活出版社在短短两年时间里就出版了 8 套丛书。① 其中"文学丛刊"已出版了 4 辑 64 部作品，第 5 辑也已问世 10 本。"文化生活丛刊"也有 22 种作品出版。并且，"由于全体工作人员通力合作，到了 1937 年初，已能平均三天出一本新书"②，出书速度已逼近"日出一书"的老牌出版社商务印书馆，文化生活出版社迎来了属于自己的"黄金时代"。

对此，吴朗西回忆说："进入 1937 年，文生社的业务蒸蒸日上，差不多平均三天出一本新书，重版书天天有。每月营业额高达一万元，经济基础相当稳定了。"③ 在如此短的时间里便取得如此的业绩，不能不说是出版史上的一个奇迹。这奇迹中凝结着吴朗西、巴金与文化生活出版社诸多同人的汗水与心血。

不过，由于卢沟桥事变的爆发，上海局势岌岌可危，文化生活出版社也遇到了前所未有的危机。

当时虹口、闸北是日租界，战火最为猛烈，吴朗西决定在法租界的福润里租赁一所房屋，把昆明路德安里的编辑部迁移过去，以备上海发生战事，居住在虹口地区的文生社工作人员也可疏散到相对安全的法租界去。

---

① 即"文学丛刊"、"文化生活丛刊"、"译文丛书"、"现代日本文学丛刊"、"新艺术丛刊"、"新时代小说丛刊"、"战时经济丛书"、"综合史地丛书"。

② 姚福申：《中国编辑史》，复旦大学出版社 1990 年版，第 402 页。

③ 吴朗西：《记文化生活出版社的人和事——怀念陆圣泉》，《出版史料》1982 年第 3 期。

考虑到上海形势紧张，出版业务整体陷于停顿状态，有些工厂、公司都在准备内迁到四川、云南，开明书店也前往四川开设了办事处，于是吴朗西也赶往四川筹备文生社的迁川工作。后来，吴朗西在重庆天主堂街设立了文化生活出版社重庆办事处。随着上海抗战形势日趋险恶，柳静带着长女西柳与儿子念鲁也来到重庆。为了准备内迁，吴朗西租了民生路的一幢店面房屋准备给文生社使用。可是，文生社搬迁所需费用很大，资金筹措十分困难，一时难以解决，便不得不把这幢房屋又辗转介绍给生活书店重庆分店。

当时，文生社在西南地区的主要工作是翻印，以及发行茅盾、巴金等在上海编辑出版的宣传抗日的《呐喊》周刊和《烽火》周刊。由于文化生活出版社主动承担印刷、发售《呐喊》周刊的重任，担任发行人的巴金需要常去广州，1938年初，巴金在广州成立文生社广州分社。

1938年4月，吴朗西离开重庆，经汉口去广州与巴金见面。商谈之后，吴朗西取道香港，乘海轮于5月初回到上海。吴朗西一方面与陆蠡、俞福祚、杨挹清商量，为了解决上海大量存书卖不出去的问题，决定在法租界最繁荣的霞飞路（今淮海中路）开设门市部，销售当时文生社积存的10万册图书，以求解决资金流转问题；另一方面则由陆蠡、朱洗、许粤华等筹办《少年读物》半月刊。

据统计，在抗战期间，文化生活出版社依然坚持出版的图书有近两百种。

抗日战争期间，不论是在租界"孤岛"坚持的陆蠡，还是迁到内地开展事业的吴朗西、巴金等，都经受了非同寻常的考验。

坚守岗位、忠于职守的陆蠡被虹口日军宪兵司令部带走后，从此再也没有回来。而在广州、在金华、在桂林，也有敌机不间断的狂轰滥炸，10 万册以上的书更被烧毁在轰炸后的大火里。但是，文生社的精神不曾磨灭，文生社的同人还在继续奋斗，他们不会放弃自己的理想，不会放弃为社会贡献的点滴机会。

正如巴金在为罗淑《生人妻》所写的后记中所说："在这种时候，我们的生命犹如庭园中花树间的蛛网，随时都会被暴风雨打断，倘使我们不赶快做完一件事情，也许就永无机会做好它。今天还活着谈笑的人明天也许会躺在寂寞的坟场里。飞机在我的头顶上盘旋了三天了。谁能够断定机关枪弹和炸弹明天就不会碰到我的身上？然而我活着的时候，我还是要工作。我愿意趁这个时机，多做完一件事情。"①

三、关于出版的不同理念

抗战胜利后，为使出版社重整旗鼓，吴朗西与巴金几度磋商，主张扩大业务，另组文化合作公司以助文生社的恢复。对此，李济生回忆说："资金方面他（即吴朗西）已筹募了不少，由他合作界的朋友柳庶堪负责收集。巴金方面募得的归我出据集中。"②

不过，因为在出版社中所处位置不同，思考问题的角度也有不同，巴金与吴朗西在出版理念上存在差异。尤其到了抗日战争后期，彼此之间的关系更出现了一些微妙的变化，包括在出版社的整体布

---

① 参见 1938 年文化生活出版社出版的《生人妻》中巴金所写的后记。

② 李济生：《追思吴朗西》，《新文学史料》2005 年第 3 期。

局、用人原则上也有了各自不同的看法。

当时，吴朗西已经去了银行系统工作，还在沙坪坝办起了消费合作社，在重庆的金融界颇为活跃。与此同时，巴金一方面旺盛的创作力不减，稿费是他的生活来源，另一方面继续把更多的精力投入文生社的编辑工作中。

从外面来看，吴朗西这个时候已把多数精力投放到银行工作中，用于文生社事务上的时间相对减少。虽然大家都依然不忘初心，没有背离要为出版付出心血的初衷，但付出的精力确实存在差别。加之在一些具体工作中难免出现的误解，使得两人之间所持的立场、看问题的角度也就有了不同。

作为总编辑的巴金，更看重的是好作者、好稿子，同时也希望能够让读者读到更多的好书。他从自己的长期编辑工作实践中认识到，作者、读者对编者而言十分重要，就如衣食父母一般。他说："我过去搞出版工作、编丛书，就依靠两种人：作者和读者。得罪了作家我拿不到稿子，读者不买我编的书，我就无法编下去。我不怕失业，因为这是义务劳动。不过能不能把一项工作做好，有关一个人的信用。"[1]

的确，在正常的出版环境下，只要得到作者的支持，了解读者的需求，满足作者与读者的要求和愿望，编出的书有市场、有销路就可以了。然而，战争带来的残酷现实是：文生社广州分社和桂林分社库存的大量图书一夜之间毁于战火，工作人员侥幸逃生；上海总部不仅门市部被查封，大量图书被没收，负责人陆蠡更是被强行带走，惨遭

---

[1] 巴金：《上海文艺出版社三十年》，《巴金全集》第16卷，人民文学出版社1991年版，第414页。

杀害。

在如此一个接一个的巨大打击之下，如果没有金融方面的有力支持，恐怕文生社早就垮了。因此在某种意义上可以说，如果巴金找不到好的书稿，不能编出读者喜欢的书，文生社只有关门大吉。另一方面，没有吴朗西调动自己的朋友圈，利用自己身在金融界的优势进行融资，以及在销售等经营管理方面所花费的心血，文生社也难以生存和发展。

这实际上正是作为总编辑的巴金和作为总经理的吴朗西对出版社的不同贡献所在，体现的也正是总编辑与总经理的不同职责，是他们在出版社架构上的不同作用，同时，也是二者会有不同出版观念产生的根源所在。

与吴朗西相比，巴金更是一位文人。他不是专职的出版人，在具体的编辑工作中也多是遵循传统的理念。因此，在考虑工作人员的人选时，他觉得亲近的家人信得过，也有默契，便举贤不避亲，把他们介绍到文生社工作。

巴金的弟弟李采臣 1936 年进文生社工作。他进出版社是巴金介绍的，后来则直接跟着吴朗西工作。李采臣在给丹晨的信中说："我是吴朗西、陆蠡的学生，进'文生'是跟吴朗西的直接关系。"[1]1938年，李采臣曾奉命去汉口和广州设立办事处。广州沦陷之后，李采臣离开了文生社。抗战胜利后，他希望回出版社工作，但吴朗西当时并未马上答应。

巴金的另一个弟弟李济生是 40 年代与吴朗西相识的。他曾经撰

---

[1] 丹晨：《柯灵、艾芜、田涛、魏绍昌、吴朗西、李采臣等谈巴金的书信》，《新文学史料》2005 年第 4 期。

文回忆说："1940 年夏的某星期天，我们初识于重庆市（当时的陪都）郊区沙坪坝正街上的互生书店内，是专程前往拜见的。且受采臣（曾是他的学生与助手）之托送还一件风衣。他已是私营和成银行（川帮四大银行之一）沙坪坝办事处主任，另兼沙坪坝消费合作社理事主席之职，显然是这个小区的活跃人物。他忙，我们交谈不多，留下的印象是一个带有浪漫气息、好思的文化人。"①

此后，李济生在吴朗西的直接领导下工作有四年之久。当时李济生名为业务专员，但没有什么具体任务，主要是在别人忙时协助做些事情。李济生最初与吴朗西走动颇多，吴朗西善于做菜，还曾经亲自下厨，邀请李济生的母亲和妻子共进午餐。之后由于一些误解，双方彼此少了接触。但是，李济生特别回忆说："我们之间也从来没发生过争端，没红过一次脸。"②

不过，李济生在有些事情上难免有自己的主见，对吴朗西的办事方式也有自己的看法。他曾经跟巴金说："我看朗西哥这个人太爱动脑子、不安分，虽善于创业，却不耐守成，他离出版事业越来越远了。"③家人的这些看法，不免造成巴金与吴朗西之间的隔阂与误解，而吴朗西也慢慢感到自己与巴金的距离越来越远，两人之间的关系发生了一些变化。

巴金觉得吴朗西过于忙于社会活动，不能专心搞文化生活出版社。而吴朗西一再表示，可以辞掉和成银行的职务，用全力来搞文生社。但实际上吴朗西如果离开金融界，文化生活出版社资金周转必将

---

① 李济生：《追思吴朗西》，《新文学史料》2005 年第 3 期。
② 李济生：《追思吴朗西》，《新文学史料》2005 年第 3 期。
③ 李济生：《追思吴朗西》，《新文学史料》2005 年第 3 期。

大成问题，很难坚持下去，这一点巴金也是清楚的。另一方面，吴朗西认为巴金任用亲属太多，却也不便明说。时间一长，自然也引起彼此的一些不愉快。

至此，二人多年的亲密合作走到了一个分水岭。

抗战胜利后，吴朗西急于到上海恢复文化生活出版社，和成银行总经理吴晋航就派他以总行业务专员的名义，慰问长期处于沦陷区的和成银行上海分行的工作人员，了解当时上海和成银行的情况，向总行汇报，同时，也允许他抽出一部分时间，处理上海文化生活出版社的工作。

陆蠡被捕牺牲后，当时留在上海的负责人是吴金堤。由于战乱，除了两三个留守人员及少量存书、纸型外，没有存纸，没有现金，账目也不完全。更因战争关系邮路不畅，销售受阻，回款困难，欠下不少作家的版税，完全是一个百废待兴的空摊子。

1945 年 11 月，吴朗西抵沪，随即与吴金堤、朱洗、杨挹清、毕修勺等见面，对他们在敌人的压迫下坚持不与日伪妥协表示深深的敬意，并满腔热情地商谈恢复文化生活出版社的大计。而巴金此时则希望吴金堤把社务工作交给李采臣主持。由于巴金在文坛上的影响，不少人主张吴朗西妥协让步，避免引起分裂。

面对这种状况，吴金堤与吴朗西商量怎么办。吴朗西虽然心里不同意这一做法，但还是对吴金堤说："交掉算了。"其实，吴金堤在上海留守完全是尽义务，并非为了什么名气与金钱，于是在移交全部事务后，他便离开出版社，将全部精力投入上海交通大学的教学工作。

就这样，为了顾全文化生活出版社的大局，保持继续合作的局面，经朱洗从中斡旋，大家最终协商决定文生社的社务交巴金全面管理，为期两年。朱洗担任董事长，朱洗、毕修勺、郑枢俊、巴金和吴朗西五人为董事，巴金任总经理兼总编辑。实际上巴金全面主持文生社的业务三年有余。

巴金全面掌握文化生活出版社的工作以后，利用自己的影响力，广泛联系作者、译者，编发了许多优秀书稿。这一时期出版的世界名著有福楼拜的《包法利夫人》《情感教育》，左拉的《娜娜》，雷马克的《流亡曲》《凯旋门》等；中国的名著有老舍、沙汀、骆宾基、田涛、师陀等人的小说，萧乾、李霁野等人的散文，冯至、何其芳等人的新诗，以及曹禺的戏剧集，等等。

由于新书迭出，加之再版了许多脍炙人口的畅销书，文生社在这一时期获得了较好的读者口碑，也取得了较好的经济效益，业务有了新的发展。这在国内战火频仍、物价不断上涨的情况下，可以说是相当不易。

不过，巴金既要写小说、搞翻译，又要在编辑工作上投入大量精力，经营管理方面的事务就只能交给自己信得过的弟弟李采臣了。

在吴朗西作为总经理经营文生社的时期，主要是依靠初期参加工作的同人和友人的团结与苦干。他们有着共同的理想，虽然人员很少，出版任务繁重，有时还面临生命的危险，但大家都任劳任怨地工作，几乎没有人为个人利益打算过，合作非常愉快。

而自李采臣接管以后，他的妻子陈宗俊担任出纳，帮助管理社务。由于缺乏吴朗西那批创业者的影响力和权威性，在社内也缺乏深厚的基础，李采臣只能采用发放奖金等物质刺激的办法来调动职工的积极性，用减少工作时间来安抚职工，每天工作时间缩减为六个半小时。然而，这些举措在较短时间里有些作用，但弊端不久之后便日渐显现。在纯粹讲究物质奖励的氛围之下，员工不仅不像过去那样常常主动做到深夜，有人还只想多拿钱少做事，文生社过去的优良传统和作风逐渐销蚀。这一现象引发了老员工的忧虑和不满。

这种情形下，与巴金有亲缘关系的员工自然站在巴金和李采臣一边，在一些具体事务中与另一方产生摩擦，这也更引起了部分员工的念旧情绪。此时，在文生社中一部分人拥护巴金，一部分人倾向于离开文生社的吴朗西，还有一部分人则持中立态度。这种状态后来一直或明或隐地持续着，直到文生社最终并入新文艺出版社的时候，可以说较大地制约了出版社后期的发展。

1946 年夏，巴金担任总经理兼总编辑时，朱洗虽名为董事长，但董事会一开始就未按期召开，后来更是长期不开会，社务情况也未向董事会做过报告，部分董事对此也有自己的意见，觉得有违设置董事会的初衷。

1948 年，巴金提出，他虽然是总经理，但并不到社办公，实际工作也是由李采臣具体在做，而且做得很称职，希望董事会任命李采臣为总经理。其实，当巴金认为李采臣应实至名归出任总经理时，以前看到巴金对文生社的贡献，并劝说吴朗西退让的毕修勺、朱洗等人，也有了不同看法。这一提议，最后遭到了毕修勺的反对，朱洗也不支持，文生社领导层内部出现不同的声音。

对巴金而言，他将自己 14 年的光阴无偿地献给了文化生活出版社，与朋友们一起奋斗，为出版社做出了巨大贡献，但后期却因人事等原因而导致弊端产生，着实令人感到遗憾。对曾经为之付出过 14 年精力的文生社，对于老朋友之间发生的误会与矛盾，巴金感到很遗憾，也很委屈。在 1949 年 9 月出版的《六人》后记中，他吐露了自己的努力不被朋友所理解的痛苦，写过几句牢骚话。

1949 年 8 月，文生社管理层觉得需要对出版社进行整顿。经过多次协商，最后决定由双方提名增加董事、监事人数，扩大管理层基础。朱洗仍出任董事长，并任命朱洗、巴金、吴朗西、毕修勺、靳以为常务董事，推举康嗣群为总经理，巴金为总编辑。自 1949 年 9 月 1 日起，总经理的工作正式移交给康嗣群负责，重要事项取决于常务董事会。

康嗣群与靳以是天津南开中学的同学，继又攻读于上海复旦大学商科。二三十年代跟文艺界人士有往来。他的父亲康心如是美丰银行的董事长，还当过重庆市参议会议长，妹妹康心之出任过四川省粮食储运局工长等职，都是那时川中政、商两界的显要人物。抗战爆发后，康嗣群回川在银行供职，胜利后又到上海出任美丰银行上海分行的副经理。吴朗西在和成银行供职，彼此都很熟悉，因之跟文化生活出版社也就有些关系了。

康嗣群读北京大学时是周作人的学生，关系一直不错。抗战胜利后，周作人因汉奸罪被捕，1949 年 1 月出狱先到上海，然后回北京。1949 年 9 月，康嗣群与周作人联系，希望他翻译《希腊的神与英雄》一书。因为周作人原先译过此书，所以只用了不到两个月便脱稿。据周作人说，此书是巴金校勘的，并于 1950 年 11 月在文生社出版。该书卖得很好，多次重印。①

但康嗣群干了不久，便于 1950 年 2 月提出辞职。因挽留无效，

① 参见吴念圣：《文化生活出版社解放初期出版的五本日本文学译著——兼谈与周作人的关系、民主新闻社》，新撰未刊。

常务董事会决定召开董、监事联席会议，并请职工代表列席。在联席会议上，通过了康嗣群的辞职，朱洗也因无法履行职务提出辞去董事长。席间各董、监事认为，社务继续维持，决议推定人选，组织社务委员会。

在此次有职工参加的董、监事联席会议上，大家推选吴朗西为社务委员会主任委员。于是，吴朗西辞去当时在华光公司的工作，全身心地投入到文生社的工作中。

此时的巴金对文生社的前途看法不同，陆续辞去常务董事、董事及总编辑职务，离开了文生社。此前，李采臣已经离开文生社，另外办起了平明出版社。巴金离开后，出任平明出版社的总编辑。康嗣群后来也去平明出版社做了外文编辑，之后又接替汝龙做了编辑部主任，1956年随出版社公私合营，进入新文艺出版社第三编辑室任编辑。

四、握手言欢

关于巴金、吴朗西这段历史的辨析，是一个颇为棘手却又难以回避的话题。

在文化生活出版社 20 年的风雨历程中，他们二人可谓出力最多，功不可没。为了弘扬进步的文化事业，他们在民族生死存亡的关键时刻并肩战斗。他们曾经是志同道合、亲密无间的朋友，"他们曾共同战斗，共同患难，也共同分享过喜悦，在其间他们曾有过不愉快的事，但是友情、友谊永远长在"①。

在文生社历史的研究中，有两件事其实应该加以厘清。

第一件事是，文生社的资方发行人"吴文林"究竟是一个作为集体代表的虚名，还是吴朗西的名字？

有些史料中提出，吴文林不是吴朗西，"只是作为集体代表的一个虚名"。比如李济生在《巴金与文化生活出版社》一书中，就曾两次提到发行人吴文林的名字是虚拟的。

而1984年12月，吴朗西发表在《出版史料》第3辑上的《记文化生活出版社的人和事——怀念陆圣泉》一文中，则明确地说："本来文生社是由我用吴文林这个名字作发行人代表资方。朋友们开玩笑叫我老板。"②可见发行人吴文林就是吴朗西，也就是朋友们戏称的吴老板。

另外，从前面我们所引的屠格涅夫《散文诗》后记中可见，与巴金对话的"文林兄"，就是吴朗西。当时写这段文字时，巴金与吴朗西的关系还很融洽；后来1949年在上海出《散文诗》第四版时，这段有关"文林兄"的文字从后记中删掉了。不过，1991年人民文学出版社出版的《巴金全集》所收《散文诗·后记》中又恢复了这段文字。2000年，上海鲁迅纪念馆主编的《吴朗西先生纪念集》出版。书中所收的第一篇文章就是巴金的《关于文化生活出版社——〈散文诗〉译后记》，注释中清晰地说明，"文林即吴朗西，当时文化

---

① 吴念鲁：《路漫漫其修远兮，吾将上下而求索——忆父亲》，上海鲁迅纪念馆编：《吴朗西先生纪念集》，上海文艺出版社2000年版，第229页。

② 吴朗西：《记文化生活出版社的人和事——怀念陆圣泉》，《出版史料》1982年第3期。

生活出版社所出书上'发行人'均署'吴文林'。^①这也就很好地说明了这一点。

还有，1958年2月，上海新文艺出版社出版由吴朗西翻译的波兰作家列昂·巴斯特纳克的《31号火车头》（剧本），译者署名用的也是"文林"。

第二件事是，丽尼1950年1月乘"长江轮"东下，是应吴朗西之约接替巴金出任文生社总编辑，还是应陈荒煤之约到武汉工作？

在1982年9月16日的《新民晚报》上，李济生发表了《我想起了"郭老兄"》一文。文章中说："重庆刚解放不多久，（19）50年1月里我们同船赴沪……他（指郭安仁，即丽尼——引者注）去上海是应吴朗西之约，出任出版社总编辑。我则是去向吴汇报工作，商谈渝处的后事。谁知船到武汉上岸后，他会到了荒煤同志，终止东下，立即参加了革命工作。我们竟又中途而别了。"

关于这个问题，吴朗西生前曾写下一份"附言"，希望加以澄清。吴朗西在"附言"中写道：

1. 我和丽尼（郭安仁）1948年12月在南京分手后，一直没有通过音信。

2. 1950年1月，巴金还是文生社的总编辑，他是在（19）50年8月才辞去文生社总编的职务；而当时任总经理的是康嗣群，这些都是有案可查的。怎么我会在（19）50年1月约丽尼来出任总编辑，而丽尼也居然会应约来沪呢？

---

① 巴金：《关于文化生活出版社——〈散文诗〉译后记》，上海鲁迅纪念馆编：《吴朗西先生纪念集》，上海文艺出版社2000年版，第3页。

1987 年 3 月 2 日《人民日报》第八版刊有陈荒煤所写的《告慰丽尼》，其中正好提到"1950 年安仁应我约请自重庆到武汉工作"，这也足以证实，1950 年 1 月丽尼不是去上海，而是应陈荒煤之约去武汉，其目的地就是武汉。

李济生在《巴金与文化生活出版社》一书中，多次引用了 1950 年 5 月丽尼给他的信，其中有这样一段话："'文生'走古典名著介绍的路，是应该的，主观上有这种能力，客观上也符合广大读者和政府负责方面的希望。但是，要好好组织稿件，非老巴不可。这情形朗西还没有认识清楚，以为拉几本译稿不成问题，那是大错。第一，真好的译稿必须老巴才可以拉来，老巴自己译些尤为要紧，有真正好的译稿，不十分好的也带着好了，'文生'的译稿并不本本都理想，但因好的较多，所以给读者的印象不同。别的书店何尝没有出古典名著？只因多数平庸，所以不能建立信誉。'文生'如果当初也是随便拉译稿，决无今日地位。第二，除了老巴，谁能随便改动别人的稿子，谁敢？即便译错了也不敢随便改动的，译者首先就不服。而译稿即属名家所译，也难保绝无缺点，要改动，必须是老巴，或用老巴的名义，用另外人的名义是不行的。……朗西的意思还是想我去'文生'。我是这样想的：即使我去，我只能帮老巴在编务上的忙，其他方面，我是外行。老巴多一个助手自然好的，但是在目前情况下，老巴自己都觉得有力无处用，又何须助手？"[1]

从丽尼的态度中不难看出，巴金总编辑的位置是无人可以取代的。同时，从这段话里也可以看出，如果吴朗西真的要丽尼到上海就

---

[1] 摘自丽尼致李济生信。参见李济生编著：《巴金与文化生活出版社》，上海文艺出版社 2003 年版，第 7—9 页。

任总编辑一职，他是不可能答应的。何况也完全没有证据证明吴朗西要邀请丽尼出任文生社总编辑。所谓丽尼"去上海是应吴朗西之约，出任出版社总编辑"之说，只不过是一种猜测。

不过，两位老朋友之间虽然曾经发生了一些误解，但他们在经历了人生的风雨后，却更体谅彼此，也更理解彼此了。

"文革"期间，巴金遭到批斗，吴朗西被打成"黑帮"下放"五七"干校劳动。当时有人想利用两人的矛盾诱导吴朗西揭发巴金，但吴朗西本着实事求是的精神，在交代材料中从未有过任何对巴金不利的言辞。"文革"岁月里，两人曾在路上相遇，彼此默默，擦肩而过。

经过十年浩劫，他们对人生看得更透彻了，过去的恩恩怨怨也早已淡化。"文革"后，吴朗西因国外友人来访的事，曾给巴金写信，巴金回信欢迎去他家。于是，吴朗西夫妇陪着友人去了巴金的家，两家恢复了往来。两位老人冰释前嫌，握手言欢。

1981年5月4日，巴金曾给吴朗西写信说："一萍转来素珍（即吴克刚夫人张素珍——引者注）一信，现寄上，请及阅，另一信，请转修匀（即毕修匀——引者注）……祝好，问候静嫂。"巴金1982年2月23日的信，则是谈及一位老友的事，并告知吴朗西自己又感冒了。

吴朗西的小儿子吴念圣去日本留学后，留在日本工作。他的一些日本朋友对巴金与武田武雄后期的关系特别感兴趣，就写信给父亲吴朗西，希望能提供一些情况。吴朗西此时已病得很重，柳静为了不辜负孩子的期望，便于1992年1月5日给巴金写了信。次日，即1月6日，巴金就回复了一封长信，信封上写的收信人是柳静，可见巴金对此的重视。

巴金在信中这样写道："朗西兄，柳静嫂：1 月 5 日来信收到，真是好久不见了。我知道朗西长期患病，我也一样，行动不便，写字困难，语言障碍，记忆力衰退，早已无法工作……"接着他详细地谈了关于日本人武田的事。信中看得出巴金写起字来已经很吃力，而这封信距离吴朗西去世也仅有一个半月。

对此，李济生在文中写道："我虽没有见到吴和巴的握手相见，却不止一次地在武康路巴金家的客厅里目睹柳静与巴金的亲切交谈，倒是'文革'后师陀和田一文各自有文提到，或略述事件，或作自我反省，都未指名道姓详述情境，不伤大雅，却也证实我耳闻。"①

吴朗西长子吴念鲁也撰文回忆说："1992 年 2 月，父亲病故，办完丧事后，我们姐弟去探望了李伯伯，感谢他为父亲献的花圈。他谈起父亲和母亲时，表露出他对父亲深深的怀念，并且连说了两声'对不起'。从这里可以看出他对父母的感情。也许巴金觉得在解放前后，他与父亲以及其他朋友因文生社产生了矛盾而伤过感情，包括没有同意母亲到文生社工作。"②

两位值得尊敬的老人，在经过悠悠岁月的洗涤以后，已经心无芥蒂。对两位心地善良、行事磊落的老人来说，历史本该有这样的结局。

---

① 李济生：《追思吴朗西》，《新文学史料》2005 年第 3 期。
② 吴念鲁：《路漫漫其修远兮，吾将上下而求索——忆父亲》，上海鲁迅纪念馆编：《吴朗西先生纪念集》，上海文艺出版社 2000 年版，第 227—229 页。

第五章

"永远的浪漫"

——吴朗西与柳静

一、六十年的爱恋

虽然许多成功的出版人在事业上都得到了家人的巨大支持，但吴朗西与妻子柳静比翼双飞的人生经历更加令人感动。

吴朗西之所以往往在事业上取得出乎意料的成功，在一定程度上正是得益于妻子柳静的倾心相助。他们两人在爱情上忠贞不渝，在生活上同甘共苦，在事业上互相支持，堪称伉俪中的典范。

陈思和这样描述了他与吴朗西、柳静夫妇的第一次见面：

第一次去拜访先生，我还是个学生，正做着文化生活出版社的个案研究。吴先生的家，正是当年文生社的社址，那排狭长的石库门弄堂房子，曾经出入过文坛上显赫的人物，一本本新文学史上的名作也由此编成问世；这里也发生过一桩血腥的事件，优秀的散文家陆蠡因为出版进步书籍而被捕，最终消失在日本宪兵队的监牢里。当我初次走进这幢充满历史感的老房子时，我曾想象着那屋子的主人一定是饱经风霜，充满了传奇色彩。可是第一眼看见吴先生的身影，完全出乎意料：竟是个平平常常、病病歪歪的老人。因为帕金森氏症，他的嘴唇、手、脚都抖动着，说话有些困难，再加上浓重的四川口音，我开始总听不明白他的话，需要吴老太太在一旁翻译，但多次接触以后，渐渐地我不再是为了写文章才去采访，他也不是为了回答问题才接待我，我们的话题越扯越远。我这才发现，我眼前的这对朴素老夫妇，真正是来自一个充满浪漫色彩的传奇世界。①

1933 年暑假，吴朗西邀未婚妻柳静从上海来泉州平民中学度假。

当时，平民中学有十几位毕业生将到上海立达学园农村教育科学习，他们多数都是没有出过远门的穷学生，吴朗西便拜托柳静带他们一起经厦门乘船赴上海。

一路上，柳静对学生们悉心照料，对晕船的孩子更是格外关心。到上海后，再雇车把他们一直安全送到学校。吴朗西、柳静也从此与这些学生结下了深厚友谊。比如学生林艾山（原名林振述），成绩优

---

① 陈思和：《永远的浪漫——怀念吴朗西先生》，《星空遥远》，广东人民出版社 2018 年版，第 145 页。

异，升入西南联大就读。后来，他赴美留学时，便是吴朗西以南京和成银行经理名义，为他提供经济担保书，使他得以顺利出国深造。[①]

这一年的年底，在上海的柳静给回到四川老家的吴朗西发去一封电报。这封电报改变了吴朗西的一生。

在电报中，柳静告知吴朗西，她的哥哥柳溥庆当时在上海为三一印刷公司创办《美术生活》杂志，正需要编辑。吴朗西接到电报后，立即动身赴沪，进入《美术生活》杂志社工作。

柳溥庆是我国现代著名印刷技术专家，新中国成立后曾任中国人民银行印制局总工程师兼印刷技术研究所所长，在印刷理论和印刷技术创新方面有突出的贡献，被评为新中国杰出的出版家。

早在 1919 年五四运动后，柳溥庆便参加了留法预备班学习法文，在商务印书馆内加入了社会主义青年团，是第一个加入的印刷工人，与在商务印书馆当编辑的茅盾同在一个小组。茅盾、沈泽民等有时就到柳静母亲家里与柳溥庆一起开会，所以柳静认识茅盾比吴朗西还要早一些。

1924 年春，柳溥庆赴法勤工俭学，在法国学的是照相制版印刷工艺，这使他成为中国印刷界的重量级人物。回到上海后，柳溥庆在知名艺术杂志《美术生活》工作，还组建了中国第一个印刷学会，创办出版了我国第一份印刷杂志《中国印刷》。《美术生活》在柳溥庆的主持下，采用了先进印刷工艺、设备，拥有当时最新式的照相制版机和一次能印双色的大号橡皮机，印刷精美，颇受人们关注。鲁迅对其印刷技术便大为赞扬。前面提到赵家璧打算编印《苏联版画集》，怕

---

① 戴莲治：《吴朗西对福建教育与文化出版事业的贡献》，《黎明职业大学学报》2018 年第 2 期。

国内印刷水平太低，特意向鲁迅打听日本印刷厂的地址，鲁迅在回信中，向他推荐的便是《美术生活》的印刷技术。

在当时，《美术生活》可以说是全国第一流的大型美术杂志，在上面经常发表作品的均为全国美术界名家大师，其中有张大千、张善子、徐悲鸿、林风眠、黄宾虹等人。编辑部在此基础上，还出版了张善子、张大千兄弟俩的画虎专集——《山君真相》。张氏兄弟与吴朗西、柳静关系很好，有一次还特地请他们到苏州网师园家中去玩。

在《美术生活》杂志社的经验，为吴朗西后来创办出版社，在出版领域大显身手打下了重要的基础。而柳静此后也在漫长的岁月中，成为吴朗西出版事业最好的贤内助。

二、出版事业的贤内助

在打算开办一家同人出版社后，除了需要有不断的稿源外，最重要的就是启动资金了。

吴朗西回忆说："我们着手办文化生活社，资金缺乏……于是，我爱人柳静拿出了自己做小学教师和图书馆职员多年积蓄的三百元钱，作为文生社的基金。"[①]

吴朗西掌管文生社的经济，但是他与巴金、伍禅、丽尼、朱洗、柳静等创办人，都是义务劳动，为出版社服务了十几年，不取任何报酬。

---

① 陈思和、李辉：《记文化生活出版社》，《新文学史料》1982 年第 3 期。

抗日战争全面爆发后，吴朗西只身去福建，参加创办改进出版社的工作。柳静则带子女留在重庆后方。为了谋生，开设了互生书店。尽管生活极其艰苦，受尽磨难，但她也与吴朗西一样，不拿文生社一分钱的薪水。直到1950年，吴朗西在辞去其他所有兼职，只担任文化生活出版社社务委员会主任兼编辑时，才每月领取相当于150元人民币的工资。

不过，他们夫妇俩对自己如此苛刻，对作家们却非常大方，对朋友们的困难更是慷慨相助。

在重庆时，作家们普遍很穷，他们经常到出版社去玩，一进门总是对吴朗西开玩笑："老板，有饭吃吗？"吴朗西夫妇立刻就热情招待，有什么就请大家吃什么。有时正逢没钱，就到附近菜馆买清汤、素菜招待。剧作家曹禺当时就是出版社的常客之一，正如他后来回忆时所说的那样："那时穷呗，有时就跑到出版社去吃饭，'打牙祭'嘛。"[1]

一次，吴朗西到贵阳，去看在贵州大学教书的朋友汤独新。当时汤独新身患肺病，他的夫人陈雨春患乳癌已到后期，却没有钱住院看病。吴朗西回到重庆后，马上汇了一笔钱给汤独新。陈雨春病逝后，吴朗西又寄了一笔钱去。

而吴朗西夫妇对待为文化生活出版社的事业被日寇残害的陆蠡的事迹，更是令人感动。

关于这段历史，研究者撰文说，陆蠡抗战时期留守上海，主持出版社的业务，1942年遭到日寇逮捕，继而失踪了。当时吴朗西身在重庆，陆蠡失踪的消息传来后，他心急如焚，四处奔走。他曾经到桂

---

[1] 转引自纪申：《记巴金及其他——感想·印象·回忆》，宁夏人民出版社1994年版，第131页。

林与巴金商量，准备自己去金华，就近和上海方面联系，设法营救陆蠡，但未能成行。

1935 年，文化生活出版社在上海成立时，吴朗西是以吴文林这个名字作为发行人代表资方的。1942 年，重庆市要文生社办理登记手续，于是发生股东和资金两项应该如何申报的问题。柳静建议就用吴朗西和巴金两人的名字，同时又提醒说还有对出版社做出了重要贡献的陆蠡。

这一提议也得到了巴金的赞同，这样，文化生活出版社便成了合伙经营的企业，"以三人合伙经营向重庆市社会局进行了登记。这样，文化生活出版社第一次领到的营业执照，企业性质是合伙经营，由吴朗西、李尧棠（巴金）、陆圣泉每人出资 2000 元，资本总额为6000 元"①。

抗战胜利后，当他们得知陆蠡父母在农村生活困难时，便由出版社每月送去一笔钱，以赡养老人。

1946 年，文化生活出版社由合伙经营改为股份有限公司时，朱洗担任董事长，由朱洗、巴金和吴朗西共同决定，股份中陆蠡、吴朗西、巴金各占五分之一，另外保留了十分之一的公股，其他股份分赠给帮助过出版社的朋友以及个别作者、译者与老职工。公私合营后，经清产核资，文化生活出版社总共为 1000 股，其中 200 股为陆蠡纪念股，折合人民币约为 8000 元。陆蠡的父母就靠这 8000 元的定息维持生活，他的女儿陆莲英得以继续求学，直至大学毕业。

令人尤为感佩的是，在"文革"期间，吴朗西已被关进了"牛

---

① 参见乔丽华《吴朗西画传》的有关描述，中国福利会出版社 2004 年版。

棚",却依然嘱托柳静照顾陆蠡的亲人。柳静不负所托,在次子吴念祖的陪同下,于1967年夏专程乘火车到杭州,将一笔钱交到陆莲英的手中。

三、创办互生书店

抗战初期,吴朗西为重振文化生活出版社,辗转于渝、粤、沪、闽等地,无法兼顾家庭,经济上也很拮据。柳静带着孩子住在离重庆市区约八公里的沙坪坝,生活十分艰辛。

入川之初,为了补贴全家生活,坚持自力更生的柳静在沙坪坝办了一家生活服务社,实际上也就是一个经营点心和家常菜的小餐馆。柳静在经营中特别讲究诚信和食品的质量,管理上也十分严格,公私分明。生活服务社生产的蛋黄小面包,为了保证质量,每个面包都放一个鸡蛋,一丝不苟,其他饭菜的品质也非常讲究。

长子吴念鲁回忆说:"那时我很瘦,但是母亲从不拿店里的点心给我和姐姐吃。"然而,虽然柳静十分投入,但由于当地居民的消费水平不高,营业状况并不理想,1938年4月,吴朗西因文化生活出版社的事离开重庆去广州后不久,餐馆即宣告停业。

吴朗西走后,柳静一直在想,如何帮助丈夫在重庆再开办一个文化生活出版社。若是条件不允许,能否在沙坪坝先办个书店。

为了这件事,她特地拜访了在上海尚公小学读书时的老师叶圣陶。当时叶圣陶就住在重庆开明书店楼上,与他一起的还有主持重庆开明书店工作的范寿康先生。因为他们与吴朗西也很熟,就问起柳静家里的情况，柳静也谈了办书店的设想。

他们认为沙坪坝学校很多，有南开中学、省立女子职业中学、树人小学，这些学校用的教科书大都是开明书店的课本，可以让她代为经销，书价可以按八五折优惠。另外，沙坪坝还有中央大学、重庆大学，磁器口有教育学院，书店还可以卖些参考书。

就这样，在叶圣陶、范寿康和开明书店的大力支持下，柳静下定了开办书店的决心。

当年，柳静在上海立达学园读书时，深受匡互生校长的赏识，吴朗西也曾在该校农村教育科任过教，并与他结下了深厚的师生情谊。为了纪念匡互生先生，柳静决定将这家书店命名为互生书店。

丰子恺也是柳静在立达读书时的老师，此时也住在沙坪坝，盖房子的地皮便是托吴朗西为他租的。两家住得很近，往来也很密切，所以柳静就请丰子恺题写"互生书店"的招牌。丰子恺也十分支持柳静办书店，便欣然命笔。

柳静用生活服务社基地造屋的房契做抵押，向重庆光裕银行贷款200元作为书店的周转资金，书店于1938年的暑期正式开张。当时互生书店是沙坪坝唯一的一家出售教科书、参考书和文具用品的书店。因此，书店开业以后经营情况很好，经营的书籍和文具种类也越来越多。

柳静晚年曾经写过一篇名为《我怎样创办互生书店》的文章。她在文章中，谈到了当时经营互生书店的具体情况：

> 书店由我一手操办，专职店员只有一人并带一个学徒，还有一个女佣王嫂。黄涛、吴厚坤、冉启文、庄明达、田一文等先后

当过店员，其中黄涛出力最多。当时柴梅尘在中央大学外语系就读，和她在重庆大学地质系读书的爱人周明镇等人，经常来书店当义务营业员。①

由于柳静待顾客亲如一家，服务十分周到，大家都很喜欢去她的书店，互生书店很快在沙坪坝出了名。

1939年10月，吴朗西从福建回来后，在巴金、田一文、陈辉等人的共同努力下，在重庆民国路开办了文化生活出版社重庆分社。他们利用陆蠡在第二次世界大战爆发前运出的文生社印书的纸型，重印了一批热销图书，使文生社在重庆逐渐站稳了脚跟。此时，互生书店也经销起文化生活出版社的书籍，并成为存放出版社纸型和图书的仓库。

1940年以后，沙坪坝已经成为一个名副其实的文化区。沙坪坝的书店也逐渐多起来，有生活书店、上海杂志公司、商务印书馆、文化服务社的门市部。此外，还有茅盾表弟陈瑜清开办的一家旧书店，生意都很不错。

陈瑜清在重庆大学任教时，结识了一位进步青年周世予。周世予是一位地下党员，因他开在沙坪坝正街的电料行屡遭警察局查抄而难以为继，结果便商议改开一间旧书店。

其间，陈瑜清在路上遇见丰子恺先生，"丰先生当时在国立艺术专科学校任教授，借住陈之佛先生家。经家父与周世予商量，周世予同意把自己住的那间房腾出来，让丰先生一家搬来书店楼上居住，丰

---

① 柳静：《我怎样创办互生书店》，上海鲁迅纪念馆编：《吴朗西先生纪念集》，上海文艺出版社2000年版，第312页。

先生欣然题写了'风生书店'四个大字，店内还挂有丰先生的漫画，格外引人注目，使书店大为增光添彩。"[1]

柳静和陈瑜清在沙坪坝文化区同时经营着两家书店，两家人都曾与丰先生一家为邻，可谓有缘。在那样的战争动乱年代，大家生活艰辛清贫，可师生和朋友间的纯真友爱、无私相助、共渡难关的那份情谊却弥足珍贵。而丰子恺先生欣然为两家书店都题写了店名，更成为出版史上一段感人的佳话。

互生书店经营情况不错，也成了友人的接待和汇集点。"汝龙夫妇就在书店楼上住过一段时期。巴金也在楼上住过，并写下了小说《还魂草》。刘琨水夫人陈波萍也住过，还在书店工作过一段时间。华林、蒋碧薇、叶君健、章靳以、卫惠林、马宗融等也常来书店歇歇、聊天、吃饭。"[2]

巴金在互生书店楼上住的时候，写下了小说《还魂草》，这篇小说就是以吴朗西与柳静的女儿西柳和她的好友陈修范为原型创作的，通篇充满了对儿童的爱。

吴朗西的两个孩子吴西柳和吴念鲁经常去找"李伯伯"（巴金）、"陈孃孃"（萧珊）玩"抽乌龟"的游戏，巴金也常给他们讲故事。吴西柳的小学毕业纪念册上还留有巴金的题字："不要回顾过去，应该多想'将来'。'将来'是充满阳光的。阳光会照亮年轻的眼，抚慰年轻的心，写给西柳。"

就这样，互生书店一直经营到 1943 年的夏天。

---

[1] 张蓉、陈毛英：《家父陈瑜清与吴朗西的友谊》，《出版史料》2012 年第 1 期。
[2] 柳静：《我怎样创办互生书店》，上海鲁迅纪念馆编：《吴朗西先生纪念集》，上海文艺出版社 2000 年版，第 312 页。

那时吴朗西与刘琨水等人正把精力投注在沙坪坝消费合作社的经营和发展上。从1939年底开始，重庆的物价便开始上涨，到1940年初，物价上涨的势头更猛，许多人的日常生活都受到了影响。吴朗西所住的沙坪坝地区离重庆市区较远，日用品短缺，价格也比市区更高，有时竟连大米这样最基本的生活必需品都买不到。热心公益事业的吴朗西和周围的朋友们商量，认为可以办一个消费合作社，这样既可解决自己的日用品供应困难的问题，也好为当地居民提供一些实际的帮助。

沙坪坝的消费合作社成立后，最初的任务只是卖米。随着社员逐渐增多，消费合作社也有了一定的基础。为了满足社员们更多的生活需要，消费合作社在业务方面增加了油、盐、煤，不久又增加了百货部门。当时社员中有相当一部分人居住条件困难，消费合作社便又试办居住合作社，由社员自己出钱，合作社出面租地皮并代建房屋。就这样，消费合作社先后建造了两批合作新村，解决了二十多名社员的居住问题。随着消费合作社服务范围的扩大，社员的持续增加，消费合作社需要使用的账册、报表、单据也有很多缺口，再加上准备成立信用部，于是又购置了圆盘印刷机和铅字，成立了印刷部。

在沙坪坝消费合作社的运作过程中，吴朗西等还是时时感到资金不足，难以采购到更丰富的物品，便又开办了信用部，吸纳社员存款，这样便于将更多的货物放给消费合作部门，使供应物品更为充裕。由于沙坪坝消费合作社经营和发展的情况非常顺利，所获得的称赞大大超出重庆其他的消费合作社，被重庆市社会局评定为模范合作社，吴朗西也被推选为重庆市消费合作社联合社的理事主席。

与文化生活出版社的办社宗旨十分接近，沙坪坝消费合作社也是按照吴朗西互助、互爱、互利的理念创办起来的，提倡的是以"人人为我，我为人人"的服务宗旨发展消费合作事业。消费合作社以入股的方式发展社员，合作社向社员提供平价的日常生活用品，合作社的盈利给社员们分红。而在考虑服务与盈利的关系时，始终是将购买者利益放在首位。

有一次，合作社买来一批大米，第二天开门正待出售时，有关经营人员从重庆市区打来电话，说市区米价已上涨了四分之一，合作社是否也同样提价销售？此时，吴朗西决定还是按原价出售，并将这一情况告诉社员，让大家得到实惠。在合作社的运行过程中，所坚持的微利经营、价格公平的原则，受到广大社员的拥护。社员们都把合作社看成是自己的企业，这便是合作社越办越好、越办越发达的根本原因。

当吴朗西他们决定扩大经营范围，再筹办一个信用合作社，然而却一时找不到合适的铺面时，柳静为了支持丈夫的事业，毅然决定将书店铺面让给合作社开办信用合作部，互生书店正式停业。

后来，吴朗西和巴金在文生社的经营管理问题上出现分歧，两家的走动也就少了许多。1948年11月，柳静带着孩子从南京搬到上海，住在上海文生社。这时柳静已辞去了南京和成银行的工作，她希望能回文生社工作，但最终没有被同意。

1954年，文生社并入上海新文艺出版社时，在编人员中没有她的名字，这不免使她终生有所遗憾。

四、协助成立华东美术印刷厂

吴朗西为人有一个特点，那就是他绝不摆老资格，绝不吹嘘他与文坛大作家的来往。而他对进步出版事业的贡献以及他为革命事业付出的劳绩，如果没有柳静大嫂周砥的回忆文章，早就湮灭无闻了。①

1946 年夏末，上海地下党组织将保管、掩护一批重要印刷机器的任务交给了柳静的大哥柳溥庆。

这个任务对柳溥庆来说实在是太艰巨了，因为印刷机器既大又多，十分笨重显眼，而时间又非常紧迫，搬来搬去很容易走漏风声。柳溥庆、周砥夫妇在上海的住房虽然较为宽敞，过去六七年间也一直是地下党的联络站和仓库，但这些机器拆卸后包装起来有几十大件，包括大型报纸印刷机、万能铸字机、裁切机、排字架和尚未使用的许多卷筒白报纸等，几间住房是放不下的。要是租一个大型仓库堆放，必然会引起周围人的怀疑，一旦追查起来，后果不堪设想。

经过再三考虑，柳溥庆认为最佳的方案是利用他长期在上海从事彩色印刷的公开身份，用这些机器开办一家印刷厂，由他任经理，请几个可靠的工人看管工厂和机器。当然，这个时候实际上不可能有顾客来印报纸，所以对外并不营业，只是以此来掩护全部印刷设备而已。

经上级党委研究，最后同意了这一建议。然而，办厂需要有大笔创办资金投入。据当时估计，至少需要 6 条"大黄鱼"。所谓"大黄

---

① 参见周砥：《为中华的复兴，志同道合尽心尽力》，上海鲁迅纪念馆编：《吴朗西先生纪念集》，上海文艺出版社 2000 年版，第 22—24 页。

鱼"，即 10 两黄金一条的金条，共需 6 根这样的金条。那时一条"大黄鱼"的价格为国民党法币 5000 万元，6 条便是 3 亿元。而且，厂建成以后，因为并不营业，也就没有收入，还要支付给政府管理部门各项开支和工人工资，可以说费用相当庞大。

这一大笔开办资金从何而来？地下党组织经过艰难筹措，也只能提供一半的费用，余下的费用要柳溥庆自行解决。

为了完成党所交给的任务，柳溥庆和周砥向两家亲人借款，计划每家借 5000 万元法币，而且说明没有明确的归还日期，也没有利息。被借人中就有吴朗西和柳静。

由于抗战的关系，渝、申两地交通阻隔，柳静兄妹已经阔别八年。1946 年初夏，柳静携子女三人才由大后方回到上海。

此时，吴朗西已让出文化生活出版社总经理职务，准备全家去南京，专任和成银行南京分行经理一职，暂时在柳溥庆家小住数日。柳溥庆也知道吴朗西经济上并不富裕，但任务紧迫，还是开口了，并且向自己一贯信任有加的妹妹和妹夫说明了借款的原因。

吴朗西夫妇当即慷慨应允，并且说：他们也会倾己所有，不足部分可以由他们设法去借。此后几天，吴朗西夫妇天天外出筹款，数日后便将 5000 万元法币如数交给了柳溥庆。他们的小儿子吴念圣在回忆文章中说："我父亲曾说过这样的话：为了钱，他宁死也不钻裤裆；但要是为了革命的需要，他可以钻。"[1]

柳溥庆在亲人们的帮助下，终于圆满地完成了党交给的任务。这个厂命名为华东美术印刷厂，为了更好地起掩护作用，柳溥庆希望吴

---

[1] 吴念圣：《明朝散发弄扁舟》，上海鲁迅纪念馆编：《吴朗西先生纪念集》，上海文艺出版社 2000 年版，第 250 页。

朗西担任名义上的董事长，吴朗西便以和成银行南京分行经理的身份投资办厂并出任董事长，的确起到了迷惑国民党政府、掩护革命活动的作用。

1949 年 5 月，上海刚解放，这些印刷机器便立即为印制上海市委机关报《解放日报》而运转了。

除了保护这样一批印刷机器，为进步出版事业做贡献外，吴朗西在保护共产党人方面，也表现出惊人的沉着、机智和冷静。①

1947 年初，吴朗西在南京和成银行上班时，华东区地下党负责人吴克坚来找他，这时正好国民党军统的一个处长郑锡麟也在那儿。因为吴克坚曾在重庆《新华日报》办过报，是一个重要的负责人，吴朗西担心郑锡麟会认识吴克坚，内心十分紧张。

此时正好上海和成银行经理胡铭新来了长途电话，他便乘机在通话时大声说："郑锡麟处长正好在这儿，你要不要和他说话。"吴克坚一听，立刻明白了吴朗西的好意，就悄悄地走了，一场危机便在无形中化解了。

与协助成立华东美术印刷厂一样，这件事要不是他的子女在吴朗西 1968 年所写的"文革"交代材料的底稿中发现，至今也不为人所知。当时吴朗西是在交代与国民党上层关系时，作为检讨的内容而提到的。

吴朗西很喜欢吟诵李白的名句"人生在世不称意，明朝散发弄扁舟"，他渴望追求理想，他的一生也一直处于不间断的追求之中。他"永远的不满足现状，永远的不安分，总希望在新的领域里有所开

---

①　参见吴念鲁：《路漫漫其修远兮，吾将上下而求索——忆父亲》，上海鲁迅纪念馆编：《吴朗西先生纪念集》，上海文艺出版社 2000 年版，第 226 页。

拓，有所创造……应该说他是一个浪漫主义者，或用他自己晚年多次对我所说的话来描绘，是一个'理想主义者'"①。

而他追求理想的过程，也正是与柳静彼此扶持、举案齐眉的60年。他们彼此的包容与理解、支持，让他得以为文化生活出版社的出版事业，以及新中国的进步出版事业做出重要的贡献。

---

① 陈思和：《永远的浪漫——怀念吴朗西先生》，《星空遥远》，广东人民出版社2018年版，第146页。

第六章

"传薪翻是出书人"

——吴朗西的出版成就

一、不懈的出版追求

赵敬立在《传薪翻是出书人——略谈出版
史上的吴朗西》一文中说：

> 作为文化实业家的吴朗西至少有四个
> 方面值得细说：（一）文化理想与文化眼光，
> （二）经营与管理才能，（三）做事认真与
> 实干精神，（四）知人善任，精诚团结。①

这几点，确实说到了吴朗西编辑出版方面

① 赵敬立：《传薪翻是出书人——略谈出版史上的吴朗西》，上海鲁迅纪念馆编：《吴朗西先生纪念集》，上海文艺出版社 2000 年版，第 183 页。

的重要特点。他不仅仅有抱负，有理想，有着出版人的才华与智慧，要为读者提供好书，更有无限的投入和奉献，可以说把自己的生命融入了他所钟爱的出版事业之中。

陈思和教授在分析现代知识分子的转型时有一段十分精彩的论述，指出知识分子在现代社会的命运是与现代出版密不可分的。他说：

> 100 年前，也就是 1898 年，戊戌维新失败了，但它不仅酝酿出一个京师大学堂，也孕育了现代出版业的诞生。那一年张謇、蔡元培、张元济都从北京逃亡到上海，一个改换门庭从事现代实业终于发迹，一个在庙堂士大夫与现代知识分子之间徘徊，竟推动了现代教育的诞生，而张元济则从事商务印书馆的现代出版事业，探索出一条由庙堂转向民间岗位的知识分子的社会实践道路。

陈思和教授指出，从张元济办商务印书馆到吴朗西、巴金办文化生活出版社，先后形成了三代出版家：

> 第一代以张元济为代表，他基本上代表了旧传统士大夫向现代知识分子转化的一代，虽然筚路蓝缕开创了现代出版事业，但其从事的出版工作，仍然有意无意地贯穿了国家精神，这与蔡元培在开创现代教育事业的同时有意无意地体现了国家精神是同样的，他们都属于过渡的一代人物，较后的王云五、李石曾等也可属这一代人；第二代出版家可以从辛亥年以后逐渐出现的出版商陆费逵等人算起，"五四"后崛起的赵南公、李小峰、张静庐等

也属于此列，他们对社会思潮的发展有相当透彻的了解，对新文化运动也有感情，他们站在商人的立场投入新文化运动，在推动新文化的同时获取利润。这一代出版家多有两重性，在目标一致的时候有可能成为作家的朋友，为了商业利润也会与作家发生冲突。但这一代出版家在现代出版事业与现代文化市场之间建立了良好的机制，使出版直接与市场发生关系，体现出了现代知识分子的民间精神。第三代出版家则是指二三十年代逐渐出现的一批直接参与了出版实践的知识分子，如邹韬奋（生活书店）、叶圣陶夏丏尊等人（开明书店）、巴金吴朗西（文化生活出版社）、胡风（希望社），这些出版社大都办得很成功，既体现了知识分子的理想，又推动、繁荣了出版事业。①

在陈思和教授看来，吴朗西这一代出版人以自己的成功经验证明了，用知识分子的人文精神来进行社会实践是可行的。当知识分子脱离了传统仕途以后，他们只能靠自己的实践来探索自己的价值取向所在，来重新梳理现代社会安身立命的新道统，而出版事业，正是知识分子不妨一走的道路。

吴朗西的一生，是充满奉献精神的一生，是为理想主义奋斗的一生。他的一生，也是与出版编辑工作密不可分的一生。除了前面提到的杂志和文化生活出版社之外，他还参与了一家重要的出版社的建设工作。

1937 年底，文化生活出版社门市部被查封后，整个业务受到很

---

① 转引自陈思和为孙晶著《文化生活出版社与现代文学》一书所作的序，广西教育出版社 1999 年版。

大影响，一时难以恢复，出版社在上海的业务暂时全部结束。后来，伍禅回到南洋，丽尼去了内地，巴金赴广州筹设分社。吴朗西回到上海，但一时也难以有新的作为。

1938 年夏，时任《申报》副刊《自由谈》主编的黎烈文应福建省教育厅厅长郑贞文邀请，到福建组建改进出版社。黎烈文曾在郑贞文手下工作多年，后又留学日本与法国，获巴黎大学文学硕士学位。黎烈文到福建后，受到福建省政府主席陈仪的信任。陈仪夫人的堂弟、时任福建省政府参议的沈仲九则是吴朗西在吴淞中国公学中学部的恩师，与吴朗西的师生关系密切。

这时，黎烈文从福建来到上海，计划为筹备中的改进出版社购买印刷机器，并约请一些熟悉印刷与出版业务的工作人员协助他做筹建工作。

吴朗西是黎烈文的老朋友，自然是他物色的最佳人选。当年上海有一批年轻的编辑、出版人，如主编《申报·自由谈》、《中流》的黎烈文，主编《作家》的孟十还，主编《文季丛刊》的靳以，与鲁迅一起办《译文》的黄源，文化生活出版社的吴朗西、巴金，他们与一批青年作家如萧军、萧红、胡风，尊敬鲁迅，把鲁迅当作老师，始终不移地追随鲁迅的不朽精神，彼此也相熟起来。

黎烈文对吴朗西说："福建省政府主席陈仪，是鲁迅先生留学日本时期的同学。他是一个军人，但头脑比较开明。我和郁达夫在福建政府任参事，和陈仪相处不错。这个出版社尽管是官办，但他对我说：'你可以放手干下去。'"①

---

① 吴朗西：《记文化生活出版社的人和事——怀念陆圣泉》，《出版史料》1982 年第 3 期。

吴朗西看到有这样一个机会，也很想到福建一展身手，帮助黎烈文将改进出版社搞起来。他心里有两个考量：一是有恩师沈仲九在福建协助主政，还有老同学吴克刚、郎伟在那里任职，去了之后，能够在短时期帮助黎烈文把出版社办起来，并通过办改进出版社，推动内地的文化建设，切切实实做些抗日救亡的宣传工作；二是也想借此机会，把文化生活出版社本版的书籍和其他进步书籍推销到福建，然后再把售书款汇回上海，这样可以使文化生活出版社的资金运转起来，使出版社重整旗鼓。

于是，他把自己的想法和陆蠡商量，陆蠡表示同意，赞成他前往福建。两人又一次相约兵分两路，分别为风雨飘摇中的出版社找出路。

就这样，在一番慎重考虑之后，吴朗西最终同意和黎烈文一起前往福建。

1938 年 10 月中旬，吴朗西随黎烈文乘海轮去福州，同时带有价值数千元的文生社本版图书和他采购的一部对开印刷机、一套铸铅字的铜模，为筹建改进出版社做了前期的准备。

到福州后，黎烈文便带吴朗西去见陈仪，陈仪对吴朗西的到来表示欢迎，希望他好好帮助黎烈文尽快把改进出版社办起来。

两天后，是鲁迅逝世两周年的纪念日。1938 年 10 月 19 日，吴朗西和黎烈文、郁达夫一起到戚继光庙内参加鲁迅逝世两周年纪念会。随后，福建省政府主席陈仪委任吴朗西为省政府谘议，月薪 120元；黎烈文当时为参议，月薪 180 元。

由于日寇步步紧逼，国民党福建省政府决定由福州迁往位于福建中部的永安，黎烈文与吴朗西便随省政府迁到永安，在那里开展筹建改进出版社的工作。

1939年1月，改进出版社正式成立，陈仪随后委任黎烈文为改进出版社的经理，主要抓编辑出版工作，吴朗西为副经理，主要分管经营业务。

改进出版社是福建现代史上的第一家出版社，"改进"一词其实大有深意，是希望出版社所做的文化工作能够一步一步地推进，进而带来文化局面的革新。

永安是一座小城市，当时连一家贩卖书刊的书店也没有，因此在改进出版社成立之初，吴朗西就建议新筹建的改进出版社除了自行出版、发行书刊外，在永安和三元（即今天的三明市）两地开办两家销售书刊的门市部。

位于永安、三元的两个门市部建立起来了，不过因改进出版社自行出版的书刊并不多，它贩卖的书刊主要是向福州的正中书局、商务印书馆、中华书局、世界书局、开明书店和南平的生活书店批购来的。

吴朗西与生活书店南平分店协作得很好，他主动联系生活书店南平分店的顾经理，双方齐心合作，将生活书店本版、外版的图书杂志由改进出版社特约经销，为读者提供了大量宣传抗战的书刊和一般政治读物。这也是门市部进货较多，销路最好的图书。

这一时期，文化生活出版社运往福建的书籍也很快销售一空，吴朗西将书款汇往上海。陆蠡收到书款后非常高兴，他在给吴朗西的信中说："粮草已到，我又好起兵了。"当时《少年读物》半月刊虽然不能复刊，但陆蠡已经计划着出一套包括史地、文艺、科学三类内容的综合性"少年读物小丛刊"以代替半月刊。

当时的永安只有一家公营印刷厂，业务很忙。改进出版社成立后，为了方便开展工作，便想自办印刷厂，但因战时交通、运输等不利因素影响，办印刷厂远没有想象的那么简单。为了解燃眉之急，吴朗西想到数年前在泉州从教时，当地有一些报社朋友与私营印刷厂多有交往，便动身前往泉州寻求帮助。

功夫不负有心人，吴朗西得到泉州朋友的大力支持与帮助。虽然吴朗西并不擅长谈判，但他坦荡无私、忘我工作的利他主义精神深深地感动了印刷厂老板。经过双方的友好商谈，很快便达成合作协议。吴朗西一鼓作气，协助洽谈好的私营印刷厂迁往永安与改进出版社合作。吴朗西高效、圆满地解决了出版社面临的出书印刷难题，为出版社迎来良好开局立下汗马功劳。

改进出版社成立后，厦门大学的文学院、商学院、理学院共三百多名师生在校长萨本栋带领下，迁到位于闽赣交界的山城长汀。

这时，一方面厦门大学的师生需要大学各门课程的参考书，另一方面，长汀县立初级中学和多座小学先后建立，接受教育的人逐年增多，因此长汀对书籍与报刊的需求量急剧增大。吴朗西对市场的变化十分敏感，注意到这一变化后，他便考虑在长汀增设一家门市部。这样既能增加出版社的经济收益，又能极大地方便长汀的厦大师生以及当地群众购买和阅读各类书籍、报刊。

一旦决定成立改进出版社长汀门市部，吴朗西做事认真、富有实干精神的特点便充分体现出来了。他亲自前往福州与商务印书馆福州分馆的杨经理商谈，希望和福州的商务印书馆合作，将该门市部作为商务印书馆和改进出版社在长汀的经销处。1939 年 6 月，改进出版社长汀门市部正式成立。吴朗西邀杨经理同去长汀参加开业仪式。就在筹备门市部开幕的这几天里，日寇飞机曾飞到长汀投掷炸弹，萨本栋校长亲自带领一队学生前去救火，整个过程堪称惊险之至。

除了办出版社、印刷厂、门市部外，吴朗西还同黎烈文、沈炼之、周学增等创办了一个综合性的杂志——《改进》半月刊（后为月刊）。1939 年 4 月 1 日，《改进》半月刊创刊号出版。《改进》内容庞杂，政治、经济、工农业各方面的文章都有，创刊号上发表了吴朗西翻译、德国学者让·哈博所写关于战时工业的文章《现代战争与后方工业》。

吴朗西与朋友们一起在福建为了改进出版社的事业呕心沥血、殚精竭虑，出版社的各项工作慢慢有了起色。

然而，就在这段时间里，国民党第七十二集团军杨森派兵包围新四军设在湖南平江嘉义的留守处，制造了"平江惨案"，遇害的有新四军上校参议涂正坤等六人，国共之间的关系顿时变得紧张起来。福建的生活书店南平分店也被国民党政府查封，顾经理被逮捕入狱。此后，改进出版社门市部便再也不能卖生活书店的书了。

吴朗西平时对抗日救亡的坚决态度和坚定不移的进步文化人立场，也引起了国民党特务的注意。再加上他平时与生活书店南平分店的顾经理走得很近，离开长汀时又曾去长汀公园瞿秋白烈士的就义处凭吊，更加深了国民党特务机构对他的怀疑。有人将这一情况告诉了黎烈文，说国民党特务一直在注意吴朗西，他已处于危险之中。黎烈文不得不提醒吴朗西格外小心，注意安全。

此时，吴朗西来福建已半年多，改进出版社正逐渐走上正轨，他本来就无意在福建久留，听说之后便准备离开了。

黎烈文虽然还想挽留，但见他去意已决，只能依依不舍地表示同意。

吴朗西原想辞职后先去上海看看，但此时离家已一年多了，最后还是决定先到重庆，再回到上海去。

1939年9月，吴朗西取道崇安（今武夷山市），和在泉州平民中学结识的好友李怀民畅游武夷山，之后离开福建回到重庆。到重庆不久，吴朗西为了解决沙坪坝居民的实际生活问题而办起了消费合作社，一时无法脱身。随后，第二次世界大战全面爆发，日本侵略军占领了上海的租界地区，此时再想去上海已经不可能了。

尽管吴朗西在改进出版社工作的时间并不长，但经过他的筹划运作，改进出版社的成就是有目共睹的。

改进出版社制定"坚持进步，坚持抗日"的办社方针，先后创办了六种进步刊物，即综合性的《改进》半月刊，文艺刊物《时代文艺》、《战时木刻画报》，面向青少年的《现代青年》、《现代儿童》月刊，以及《抗战民众》，另外还出版了"改进文库"、"世界大思想家丛书"、"世界名著译丛"等丛书。

在抗战时期的艰苦条件下，"改进出版社正是由于有一批像吴朗西这样的进步文化人士不畏艰辛、勇于开拓、团结互助、甘于奉献，出版了大量优秀作品，为中国现代出版史、文学史的发展做出了卓越贡献"[1]。尽管人力、物力、财力都十分匮乏，但由于吴朗西等的共同努力，改进出版社的图书、杂志内容充实，选材精当，印刷完美，被视为大后方一流的出版物。一时间，福建成为我国抗日时期文化工作十分出色的地区之一。

---

[1] 戴莲治：《吴朗西对福建教育与文化出版事业的贡献》，《黎明职业大学学报》2018年第2期。

二、知人善任的出版人

李济生曾经回忆说："那时的一个小小出版社哪会跟现今一样订什么选题计划，更用不着上报、讨论，一切全在他（巴金）脑子里，他是总编辑，他说了算。"这段回忆，充分说明吴朗西对巴金的工作十分信任，十分尊重，也很能说明作为总经理的吴朗西知人善任、与朋友精诚合作的实干家胸怀。

的确，要成为一个成功的出版人，需要得到多方面的支持，也要有知人善任的眼光。除了我们前面已经谈到的与鲁迅、茅盾先生的交往之谊，与巴金14年的风雨同舟，以及与伍禅、丽尼、许天虹、陆蠡等的知己之情，吴朗西还与许多知名作者有着深入的交往，在出版工作中写下了一段又一段的佳话。

20世纪40年代末，吴朗西重回文化生活出版社担任掌门人，这对他来说实在不是一件轻松的工作。当时的出版社已经今非昔比，外部环境与出版社的内部环境都不乐观，企业活力也日渐消退。加之当时整体经济萧条，营业十分困难，文生社的职工一度不得不以六折发薪。

进入50年代后，私营出版业的营业普遍萎顿。最主要的原因在于，当时的读者更想了解的是马列主义基本原理和各种重要方针政策，在这一方面私营出版社一时难以满足新时代读者的需要。当然，客观上还有新中国成立之初百废待兴，纸价上涨造成书籍成本很高，书价自然水涨船高，超出了一般读者的消费水平，也使得图书的销量遭遇瓶颈。

然而，为了这家有历史意义、有精神传承的出版社，吴朗西必须坚持下去，必须开拓新的市场。在吴朗西的努力下，经营情况不久开始恢复。而对于文生社这样有利于文化传承的进步私营出版社，国家层面及时通过新华书店订货包销的办法，加以适当的扶持，也使经营情况进一步好转。

1950 年 2 月起，吴朗西在文化生活出版社的董、监事联席会议上当选为社务委员会主任，全面负责出版社的编辑以及经营工作，到 1954 年 7 月文化生活出版社实行公私合营，并入新文艺出版社，总共有四年多的时间。

在这段时间里，文化生活出版社出版了不少有重大影响的世界名著，如托尔斯泰的《战争与和平》、《幼年·少年·青年》，左拉的《劳动》、《崩溃》、《萌芽》，巴尔扎克的《伏德昂》，屠格涅夫的《猎人笔记》，高仓辉的《箱根风云录》，德永直的《静静的群山》。此外，还有吴朗西主编的《民主德国文艺译丛》和吴朗西帮助焦菊隐出版的"北京人民艺术剧院戏剧丛书"，包括老舍的《龙须沟》，赵树理的《小二黑结婚》、《王贵与李香香》，英若诚翻译的《莫斯科曙光》，焦菊隐有关导演方面的论文集，等等。

在这一时期，作者群中一个十分重要的合作者是丰子恺。

柳静是丰子恺在立达学园的学生，所以吴朗西与丰子恺早在抗战前就已经认识。抗战期间，两家同住在沙坪坝，往来就更密切了。

50 年代初，他们两家都在上海定居，吴朗西为了出版社的事常去丰子恺家一起聊聊。

一天，吴朗西带了卜劳恩《父与子》的漫画给丰子恺看。丰子恺十分喜欢这本书，翻一页，笑一页，直到看完。丰子恺看完后，对这本书的评价极高，就建议吴朗西将它翻印出版。随后，吴朗西翻译好了画页的译文，并请丰子恺写序。封面上"父与子"的书名和"文化生活出版社"的出版社名称，也都出自丰子恺的手笔。后来，华君武在《漫画》杂志上多次介绍过卜劳恩的漫画，转载过《父与子》。这本画册十分畅销，多次重印，受到读者的欢迎。

此外，吴朗西还与丰子恺合作出版了奥纳夫·古尔布兰生的作品。

奥纳夫·古尔布兰生是挪威杰出的漫画家，1873年出生于奥斯陆。20岁后赴德国参加漫画杂志的编辑工作，就一直没有离开过。古尔布兰生著有一本记录自己少年时期生活的书。这是一本图文并茂的书，古尔布兰生不仅撰文，还自己作画，并用手书影印出版。全书有40篇散文、200幅漫画，生动有趣地描述了他的童年、家庭、学校、军队、初恋以及顽皮生活，同时还涉及北欧的自然风光、动物、山林，以及纯朴粗豪的农民生活。图画与文字都有其独特的风格。

吴朗西十分喜爱古尔布兰生的这本书，早在1936年他编辑《漫画生活》的时候，除了介绍古尔布兰生的政治性漫画外，也将此书译出一部分，发表于《漫画生活》上。后来《漫画生活》被迫停刊，译述也就中止了。

吴朗西对此时出版古尔布兰生作品的动因有过这样的说明："漫画今天在广大人民的教育宣传上占有非常重要的地位，它已成为人民自己的武器，我再来介绍古氏的作品，把本书呈献于读者之前，也总算了结我的一点心愿。"为了更好地保存原著风貌，吴朗西在译好之后，特邀丰子恺写字，按原书原文的位置，将写好的译文插入。翻译时，吴朗西将书名译为《童年与故乡》。

丰子恺非常喜欢这本书，欣然同意与吴朗西合作，该书于1951年6月由文化生活出版社出版。

在为该书所写的后记中，丰子恺说："古尔布兰生这册书，是自己作画，自己作文，自己写字的。写的字当然是德文。吴朗西兄弟把它译为中文，为要保持原书的特色，嘱我代为写字。我从来没有做过这种工作，但也居然鼓着兴趣写成了。"同时，他又从画家的视角评论道："古尔布兰生的画，充分具有写实的根底，而又加以夸张的表现，所以能把人物和景物的姿态活跃地表出。他的文字近于散文诗，也很生动。他把童年在故乡所为、所见、所闻的精彩的片段，用绘画和文字协力地表现出了。有的地方文字和绘画交互错综，分不出谁是宾主。这种艺术表现的方式，我觉得很特殊，很有趣味。"

除了这些作品之外，吴朗西还邀请丰子恺翻译了屠格涅夫的《猎人笔记》。

早在建社后不久，文化生活出版社便推出了耿济之的译本，取名《猎人日记》。后来该书因有若干错译，受到一些批评，而吴朗西知道丰子恺正在学俄文，就请他重译。

丰子恺虽然学习俄语的时间较短，所长也并不在于翻译，但他对吴朗西的事业还是全情支持。丰子恺直接从俄文翻译屠格涅夫的原著，认为书名应该译为《猎人笔记》。他的译本文笔流畅，非常忠实地表达了原著诗画般的意境，但因《猎人日记》已有一定名声，许多读者以为《猎人笔记》是另一本书，所以销路一度受到影响。对此，丰子恺认为，明明是"笔记"，错译为"日记"，总得要纠正。他对吴朗西说："我认为应该译得正确，不能跟着耿济之译错。要革命总要有牺牲，销路影响只能不管。"之后，随着时间的推移，当纠正耿译的这些译法为读者接受后，《猎人笔记》就成为畅销书了。[①]

除了《猎人笔记》外，丰子恺还在文化生活出版社出版了其他一些翻译作品，如：达姆定苏连所著《蒙古短篇小说集》，该书与吴朗西、丰一吟合译，1953年11月出版；霍兹编的《朝鲜民间故事》，与丰一吟合译，1953年11月出版。

此外，丰子恺的儿子丰华瞻曾于1951年至1953年在吴朗西的建议下翻译了《格林姆童话》（现通常译为《格林童话》）。该书共有60万字，分10册出版。丰子恺为这本书画了约400幅插图。该书初版由文化生活出版社出版，1996年由石家庄河北人民出版社重版，颇受市场追捧。

通过以上叙述可以看出，吴朗西与丰子恺在50年代初期有着十分密切的合作，而两位文化人的彼此协助、相互映衬，堪称出版界的一段佳话。

三、巧用资本与媒体

文化生活出版社成立之初，除了柳静300元的启动资金外，伍禅的借款成为文化生活出版社的第二笔重要资金。吴朗西曾经在回忆文章中说："伍禅还向文生社投资二千元"[②]，这对文生社的发展起了关键

---

① 关于这一版本，当然也有不同看法。比如李济生即认为，"如果认为耿译不佳，为了尊重译者，也必然请他人重据原文校订一番，或署原译名，并附新版译后记，讲明缘由，以示郑重。而吴约丰另译，改了书名（一字之差），以别于原耿译，吴大概知屠氏小说乃畅销书，故作此，并向丰先生表示好感，也借丰之名耳"。

② 吴朗西：《文化生活出版社的资金来源》，《新文学史料》1982年第3期。

性的作用。卫惠林的 50 元也解一时之急，起到了一定的作用。

对于"伍禅因为偶然之机得中彩券，获得一大笔钱"[①] 后，是投资文生社，还是借款给文生社，不同研究者有不同的看法。但不论是借款还是投资，对起步中的文生社都是极其宝贵的。

除了创办之初的资金，一家出版社的日常流动资金也至为关键。

文化生活出版社是文人办出版社，没有雄厚的资金基础，出版社许多地方的开支都是靠先行赊账来维持。于是，朋友的借款、印刷厂和纸店的账期，以及向银行透支成为出版社成立之初资金来源的几种重要方式。

办社之初，《第二次世界大战》和《田园交响乐》出版后欠下的纸张费、印刷费，都还没有付清，为了保证接下去《俄罗斯童话》、《狱中记》、《俄国社会运动史话》等第二批书的发排，吴朗西不得不尽量节省家庭开支，并向保姆张妈借了 600 元的积蓄，才得以付清旧账，保证后续图书的印制。

对此，吴朗西回忆说：

> 文生社的流动资金，一部分是出售书籍的收入，一部分是向私人和银行的借款。私人在经济上给文生社帮大忙的，有我的女儿的保姆张妈和柳静的二哥柳培庆。
>
> 张妈从绍兴农村到上海来做保姆已三十多年了，她辛苦积蓄了六百元。张妈来我们家后，便把六百元的银行存单交给我们替她保管。当时文生社的《文化生活丛刊》中的《第二次世

---

① 纪申：《记巴金及其他——感想·印象·回忆》，宁夏人民出版社 1994 年版，第 99 页。

界大战》和《田园交响乐》已出版了。接着就要发排《俄罗斯童话》、《狱中记》、《俄国社会运动史话》、《柏林生活素描》四种，柳静和我尽量节省家庭开支，从我们的工资收入中挤出一点钱来给文生社用。但杯水车薪，无济于事。我就不得不转借张妈这笔存款，我们也照样付利息。张妈答应了。真是雪里送炭。我拿这笔借来的钱，支付已出版的两种书的纸张、印刷费，取得了印刷所、纸店的信任。《俄罗斯童话》等四种的印刷，纸张费又可以赊欠了。九月底前，这四种书都出版了。①

在办社过程中，吴朗西除了借用妻子、亲戚、保姆的积蓄，以补资金的缺乏，银行的借款（透支）也成为出版社成立之初不可缺少的资金来源。他通过"川康银行与和成银行的关系，使它们各给'文生社'三千元的透支额，对出版社的资金周转起了很大的作用"②。正是借力于多家银行、金融机构的借款，文生社的业务才得以正常开展，尤其是 1937 年上海信托公司给了文生社 8000 元的透支额，为出版社打下了坚实的经济基础。

此外，吴朗西他们还得到了鲁迅的大力支持。鲁迅委托文生社代为印刷《死魂灵百图》，细心地考虑到他们刚刚创立不久，流动资金不足，便将 700 元交给文生社，这也起到了帮助文生社资金周转的作用。③

---

① 吴朗西：《文化生活出版社的资金来源》，《新文学史料》1982 年第 3 期。

② 纪申：《记巴金及其他——感想·印象·回忆》，宁夏人民出版社 1994 年版，第 99 页。

③ 陈思和、李辉：《记文化生活出版社·附录》，《新文学史料》1982 年第 3 期。

1936 年夏，柳静的哥哥柳培庆去日本时，把 5000 元银行存款单交给吴朗西夫妇代为保管，他们便想请他把这笔存款借给文生社，柳培庆同意了。有了这笔钱，出版社就能够更加放手印书，并把文生社的营业部从昆明路移到山西路（汉口路与福州路之间），不久又迁移到福州路 436 号，从此可以自主发行，更容易开展工作。

不过，即使在文生社创建之初，资金捉襟见肘，吴朗西还是以经营者的敏锐眼光与可贵勇气，毅然决然在《申报》投放了广告。

1935 年 9 月 21 日，《申报》头版上，为巴金主编的"文化生活丛刊"的前六种书刊登了整整半版的套色广告。当时这半个版面的广告费是 300 元。吴朗西说，"我们真是打肿脸来充胖子呵"。

一年后的 1936 年 10 月 4 日，文生社又在《申报》上刊登了一个整版的广告。这次广告披露了七套丛书已刊将刊的 175 种书的书目。这七套丛书中，"文化生活丛刊"、"文学丛刊"、"译文丛书"三套，已经出版了相当数量；另四套则是刚起步或是即将起步的，其中有"现代日本文学丛刊"，还有"新艺术丛刊"、"综合史地丛书"、"战时经济丛书"。[①] 遗憾的是，后面四套后来并未能达到预期的出版规模。

对于图书宣传重要性的认识，吴朗西曾经回忆说，当时文生社做广告，就是从鲁迅那儿学来的。鲁迅对文生社大力支持，而文生社成员不仅对鲁迅先生充满敬意，更是从这位文坛前辈那里，学到了许多东西。

其中就有如何为书做广告，如何写好书的广告语。

---

① 吴念圣：《文化生活出版社〈现代日本文学丛刊〉——细读 1936 年 10 月 4 日〈申报〉广告》，新撰未刊。

除了在书后环衬、版权页、封套、勒口等处刊登新书预告、内容简介外，文化生活出版社还印制图书目录和其他宣传品。这些图书的内容介绍及广告词，大多出自巴金、丽尼等人之手。

丽尼负责文化生活出版社的广告、校对，他读了鲁迅亲自撰写的《俄罗斯童话》广告词，极口称赞道："先生撰写广告是别具一格，有声有色，这是一篇广告，也是一篇刺人的文章。我相信，要上进的读者看了这篇广告，是会想买这本书来看的。"

丽尼学鲁迅学得特别像，他不仅替自己的《田园交响乐》写广告，还模仿鲁迅文笔替别的书撰写介绍。有时他写的广告，别人还以为是鲁迅写的。又如巴金，文化生活出版社出版的许多作品，他都写有推荐广告，比如屠格涅夫的六部长篇、冈察洛夫的《悬崖》、托尔斯泰的《安娜·卡列尼娜》、王尔德的《快乐王子集》、库普林的《亚玛》，等等。

抗日战争全面爆发后，虽然面临许多困难，但转战到桂林的文生社在每次出版新书之际，也会想方设法在《大公报》和《新华日报》上刊登广告，每月还出版套色油印的新书简报，分送给省内外的各类客户，因此吸引了不少外地顾客和要求函购的读者，这也使文化生活出版社的声誉越来越高。

对此，李济生分析说："像文生社这样一个民间创办的小出版社，不经常利用各种宣传手段介绍自己的出版物，怎能让广大读者知道并取得他们的信任？"[①]的确，作为一家规模并不算大的新型出版机构，需要通过宣传来提升自己的品牌知名度与社会美誉度，但吴朗西的可

---

① 李济生：《巴金与文化生活出版社》，上海文艺出版社 2003 年版，第 102 页。

贵在于，即使在资金匮乏之际，他依然能够果断决策，妥善协调，将宣传推广放在重要位置，这不能不说是优秀出版人的素质使然。

正是在吴朗西与同人们的努力下，在资本与媒介的助力下，文化生活出版社的事业蒸蒸日上。

从 1935 年 5 月成立到 1937 年 7 月抗战全面爆发的两年间，文化生活出版社共推出八种丛书，约 100 种文艺书籍和科技图书。"出版社业务可以说蒸蒸日上，几乎三天两头都有新书出版……每月营业额高达万元。出版社的经济日趋稳定，事业正在蓬勃发展，前景充满了希望。"① 到 1937 年上半年，文生社营业额足以与中国最大的出版社相匹敌，创造了中国现代出版史上的一个奇迹。

然而，抗日战争全面爆发，使得文化生活出版社的运营陷入了空前的危机。

上海分社的门市部和代销处最早受到破坏，无法营业；后来，广东分社的图书全部毁于战火。更加重大的打击则是桂林分社和运往金华的所有书籍在大火中付之一炬，损失十分惨重。这对负责经济筹划与调拨的吴朗西而言，其困难可想而知，能勉强维持下来实属不易。

当时，由于广西地方实力派在政治上具有相对的独立性，在抗日战争期间有着比较开明的政策，所以桂林地区在言论与出版自由方面，比起许多地方都有着较为宽松的空间。因而从上海、广州等处撤退到内地的进步文化人士，大都集中在桂林，桂林的新闻出版业很快地繁荣起来，使桂林有了"文化城"的美誉。加之桂林不仅山明水秀、风光宜人，而且有铁路经过，运输方便，特别是印刷工艺和纸张质量

---

① 纪申：《记巴金及其他——感想·印象·回忆》，宁夏人民出版社 1994 年版，第 99 页。

也比重庆好，所以文化生活出版社也把出版重心放到了桂林。

后来，衡阳、桂林、柳州等地相继失守。日军侵入广西前，文生社桂林分社虽已抢运出一批纸型，但战火依然使桂林分社的库藏图书付之一炬。幸好人员没有伤亡，全部安全抵达重庆。此后，出版社的工作人员在重庆市民国路 21 号的重庆分社内，继续出版编辑工作。

为了摆脱经济上的困境，扩大文生社重庆分社的业务，方便外地客户邮购和订购书籍与杂志，吴朗西充分利用与金融业的关系，委托和成、美丰两家银行所属各分支机构，设立"基本读者往来户"，代收订户基金，这样便大大拓宽了业务，不仅进一步扩大了文化生活出版社的影响，也提高了出版社的销售份额。

通过这些经营措施，我们可以看出作为一家没有背景，完全依托理想的小社是如何一次又一次渡过难关与危机，并逐步奠定自己在行业中的特色与地位的。这其中在很大程度上离不开吴朗西为文生社的生存与发展的呕心沥血与殚精竭虑。

文化生活出版社创社之初，定位是"专出外国的文艺书"，后来有所调整，增加了一部分社会科学的内容。同时，又通过"文学丛书"等丛书的规划，可以说将曹禺、何其芳、芦焚、萧军、萧红、周文、沙汀、艾芜、穆旦、陈敬容等三四十年代成长起来的一批文坛新秀的作品尽收其中，使文化生活出版社成为中国现代出版史、中国现代文学史上举足轻重、独具特色的出版机构。

1936 年 9 月，《大公报》设立文艺奖金，杨振声、朱自清、叶圣陶、巴金、凌叔华、沈从文、朱光潜、靳以、李健吾、林徽因组成评委会。最终戏剧奖归属曹禺的《日出》，小说奖归属芦焚的《谷》，散文奖则由何其芳的《画梦录》获得。这三部作品都是文化生活出版社出品，其社会影响力已是显而易见。

文化生活出版社的出版物不仅受到了读者的关注，得到了专业人士的好评，整体出版业绩在当时也得到了极高的评价。1944年，杨之华在所撰《文坛史料》中即指出，文化生活出版社"对我国文艺出版界颇多贡献"①。

抗日战争期间，吴朗西除了在福建协助黎烈文创建改进出版社外，还于1944年冬开始筹划成立中国文化合作公司，弘扬进步文化事业。第二年春天，刘琨水通过吴克坚请示周恩来、董必武，得到了他们的大力支持。

在吴朗西、刘琨水、巴金、田一文等的努力下，中国文化合作公司终于成立，吴朗西任总经理，刘琨水为副总经理，李济生等三人为副经理，向银行贷款200万元作为开办经费。他们还得到文生社、开明、商务、三联等出版单位的支持，以先赊书后结账的办法，解决资金不足的困难。

为了防止或少受国民党政府的干扰，中国文化合作公司请李石曾出任董事长。1945年夏，公司正式成立，举行了近二百人的宴会，邀请李石曾、张道藩及各出版单位的负责人及新闻记者参加。宴会由吴朗西主持，席间他郑重宣告成立这一公司的宗旨、经营目的和实施计划等。

抗战胜利后，吴朗西率先复刊陆蠡曾为之付出心血的《少年读物》，1946年1月出版《少年读物》第2卷第1期复刊号，亲自为之撰写《复刊词》，并担任发行人，发行机构便是中国文化合作公司。

---

① 杨之华：《文坛史料》，中华日报社1944年版，第404页。

可惜不久该公司还是遭到国民党特务的破坏而被迫停业。

四、跨界反哺

在文化生活出版社的发展过程中，和成银行可以说起到了重要的保障资金链的作用。

和成银行是一家实力雄厚的地方性财团，成立于 1935 年前后，总行设在重庆。和成银行的股东中，有刘文辉（四川省政府主席）、嵇祖佑（四川省民政厅厅长）、何北衡（四川省建设厅厅长）、刘航琛（四川省财政厅厅长）、卢作孚（民生实业公司总经理）、胡子昂（华康银行总经理）等。和成银行的董事长是嵇祖佑，总经理是吴晋航。

吴晋航是吴朗西的表舅，因为有这样一层亲戚关系，所以在吴朗西创办文化生活出版社的过程中，曾在经济周转上得到过和成银行很大的帮助，使文生社在业务上得以迅速发展。后来当吴朗西创办沙坪坝消费合作社时，和成银行也曾给予过大力支持，使该合作社成为重庆市合作经济的样板。通过办合作社，吴晋航也看到了吴朗西在经营上的才干，很想将他吸纳到自己的麾下。

沙坪坝是当时重庆新兴的文化区，有中央大学、重庆大学、南开中学、工业学校、女子职业学校，此外还有上海机器厂等工厂，经济发展前景颇为引人瞩目，因此，金城银行、川康银行都在沙坪坝设立了办事处。

和成银行为了发展自身业务，也决定在沙坪坝开设一家办事机构。吴晋航看到吴朗西在沙坪坝办消费合作社，拥有数千名社员，并深受各学校教职员工的信任，觉得他是最佳的合作人选，遂邀请他担任和成银行沙坪坝办事处的主任。

经过反复考虑，吴朗西觉得接受和成银行的工作虽然要占掉自己很多的精力，但对恢复文化生活出版社的经营也会带来便利之处，因为出版社要取得长足的发展，光有优秀的作者、译者和编辑团队远远不够，还需要有大量流动资金来周转，形成经济上的良性循环才行。另一方面，加入和成银行，对沙坪坝合作社的进一步发展也极为有利。吴朗西在文生社和消费合作社都是义务工作，因此他也需要一份稳定的职业和一份固定的收入。去和成银行工作，便可以摆脱经济上的困境。他把加入和成银行的打算向文生社的总编辑巴金与消费合作社经理刘琨水做了解释，他们也都十分赞同。

当吴朗西向吴晋航表示愿意接受委任，但仍需义务兼顾文生社和消费合作社的工作时，吴晋航也表示同意，因为他也希望通过吴朗西在合作社和出版事业上的运筹，进一步扩大银行业务的影响力。比如，沙坪坝消费合作社每天的营业收入都存入和成银行，而如果消费合作社需要资金周转，和成银行沙坪坝办事处就贷款给他们，二者在业务发展上相辅相成、相得益彰。

吴朗西自 1940 年春季进入和成银行担任沙坪坝办事处主任，到 1942 年夏天离开沙坪坝办事处，去柳州设立办事处，前后两年多。在这段时间里，文化生活出版社在大后方的经营活动也取得了一定程度的恢复和发展。

1941 年的春天，巴金由桂返川，在重庆沙坪坝互生书店楼上与吴朗西重聚。他们进一步商谈如何在内地开展文生社的业务，让这一共同的事业不致因战争而就此萎顿。商量之后，他们决定筹建桂林、重庆两地的办事处。重庆办事处聘在互生书店工作过的田一文负责，桂林办事处由总编辑巴金主持。

考虑到当时重庆的纸张比桂林差得多，决定以桂林为印刷中心，书籍在桂林印好后运一部分到重庆来销售。另外，陆蠡在太平洋战争爆发前已设法抢运了一批纸版到桂林。吴朗西则负责全面筹措资金。

吴朗西当初在加入和成银行时，就曾提出希望和成银行今后能多多给予文化生活出版社资金方面的帮助，所以文生社桂林分社、重庆分社乃至稍后的成都办事处的开办经费，均因其身在银行界工作而顺利地解决了。

有了较为充足的经费以后，巴金主编的"曹禺戏剧集"，以及请当时在复旦大学执教的靳以主编的"烽火文丛"，便就近交重庆办事处排印发行。此后，出版业务也整体得到恢复，全面发展起来，不仅图书批发至省内外，还通过重庆《新华日报》社书刊门市部的流通渠道，将文生社的书发行到延安等地区。

抗战后期，广州湾一度几乎成了内地物资进出口的唯一港口，与金华、衡阳等城市相连的湘桂铁路终点站广西柳州，便是贵州、四川和广州湾物资进出的必经之地，从而成为西南贸易的繁华地区。当时，四川重庆、成都、泸州、宜宾、万县等城市的商业机构都纷纷派人前往柳州采购货物，而和成银行在这些城市都设有办事处，与这些商业机构也都有业务往来。这些商业机构汇往柳州的款项很大，和成银行业务中汇兑是一项主要业务，所以决定在柳州设立办事处。

1942 年 5 月下旬，和成银行派吴朗西去柳州筹建办事处并担任主任。其间，吴朗西曾转道桂林，与巴金见面。此时，文生社成都办事处刚刚成立，聘巴金的弟弟李济生主持工作。桂林方面的工作原由巴金亲自负责，后来由李济生接替巴金主持桂林分社日常事务，成都办事处工作由巴金的表兄朴季云主持。文生社在重庆租到民国路（今八一路）的一幢三开间两楼一底的楼房，作为文生社重庆分社的新址。装修后，出版社的面貌焕然一新。

然而此时，远在上海的陆蠡却被日寇逮捕，下落不明。吴朗西与巴金共商对策设法营救，却无能为力。

和成银行柳州办事处筹建成功后，吴朗西旋即于1942年10月回和成银行重庆总行，任总行的业务专员。1943年夏，因重庆郊区和成银行化龙桥办事处主任调往昆明筹建办事处，总行便派吴朗西代理化龙桥办事处主任。

这一年的年底，吴朗西正打算为文化生活出版社的事请假去桂林一次，恰逢柳州办事处主任因母病返川探望，和成总行就叫他顺便再去柳州办事处代理主任一个月。他到任不久，即让李济生来柳州，代表桂林分社向和成银行贷了一笔款，使桂林分社增加了经济活力，出版业务得到了进一步的拓展。

抗战胜利后，吴朗西在亚东协会工作的妹夫张季飞，负责的事务与遣返当时居留在上海的日侨有关。当时上海日本居留人协会会长是内山完造，张季飞因为工作关系与他很熟，吴朗西则因当年鲁迅的介绍早就与他相识。一些将被遣返的日本工商界人士，还是希望中日邦交恢复以后，再与中国做生意。当时也有传闻，国民党政府正打算放开中日贸易，所以张季飞便想利用他和内山完造的关系，成立一个机构，为以后中日贸易做准备。

张季飞与哥哥张逸飞、朋友萧燕宾商量后，决定找吴朗西一起干，并希望吴朗西说服和成银行总经理吴晋航做这一公司的后台。吴晋航对此颇感兴趣，他当即指定和成银行直属贸易机构和益公司总经理魏子铣做他的代表，于1949年下半年成立了上海华光企业公司，开始对日贸易的准备工作。该公司由魏子铣担任董事长，吴朗西为经理，张季飞为副经理，张逸飞、萧燕宾任襄理，着手对日贸易的调查与研究。

因为他们都是四川人，因此在考虑对日输出的物资方面，着重研究桐油、生漆、五倍子等西南地区的土特产。经调查研究后发现，中国生漆过去对日出口的数量很大，于是便打算专营生漆业务。同时也了解到日本专营生漆的水田、斋藤两家漆行，曾在汉口设有专门机构。

通过内山完造的关系，吴朗西得知日商汉口银行经理入江凑与水田、斋藤两家漆行很熟，因此就把入江凑请来当顾问。考虑到从日本进口的物资估计是纺织机械和其他工业器材、原料，便又聘了一个日本纺织工业方面的专家当顾问。当时的日本侨民，一般生活都比较困难，都很珍惜这份工作。

1948年，因中日贸易即将开放，吴晋航便要吴朗西正式脱离南京和成银行的工作，全力筹备华光企业公司，专搞对日贸易。当华光公司取得了派代表到日本进行贸易活动的资格后，吴晋航便邀约四川农工银行、美丰银行等一起投资合作，由四川银行董事长龚农担任华光公司董事长，何俊初任总经理，吴朗西担任华光公司上海分公司经理，并作为赴日贸易的代表，在1949年1月前往日本东京进行中日贸易活动。

因为事先做好了充分准备，吴朗西一到日本便向水田漆行与斋藤漆行出售了18吨生漆，并签订了预售60吨生漆的合同。当18吨生漆由上海运抵日本神户港后，他便和水田、斋藤的负责人一起去接货交货。吴朗西在日本友人的陪同下，参观了京都人造丝厂、新潟的造纸厂、燕市的小五金工厂、横滨电机制造厂。内山完造还亲自陪同他参观著名的岩波书店。他们在各地进行中日友好宣传活动，深受日本各界人民的欢迎。

这批生漆在日本卖了五万美元，因为当时只能以货易货，便以此款购买了价值三万多美元的人造丝现货和一万多美元的道林纸订货。吴朗西当时住在东京的京都饭店，那是专门为接待外国商人办的。他空闲的时间很多，便像当年做学生时一样，经常跑神保町的旧书店，买了不少在中国买不到的外文文学书籍。他去日本是乘飞机去的，回来时却想乘船回国，目的就是便于运回这些书籍。可是，华光总公司却希望他长期驻在日本，并要他将妻子和子女一起搬到日本去住，这引发了他许多思考。

吴朗西看到京都饭店有二三十个不同国籍的外国人住在那儿，这些商人穷奢极欲、花天酒地。他想起自己十多年来，搞文化生活出版社，办沙坪坝消费合作社，到进入和成银行，而今又从事国际贸易，如果要发财致富的话，现在当然是最好的机会。但是，人生的最终目的，难道就是为了发财吗？而发财致富的结果，便是和这些豪商大贾走上同一条道路，整日沉醉于声色犬马之中。

此刻，吴朗西从报上看到解放军已逼近南京，全国解放在望。柳静也来信表示自己坚决不愿去日本，要他赶快回来，这就更加强了他回国的决心。经过反复思考，他认为与其在外国当个商人，不如回新中国去，开始自己的新生活。他毫不犹豫地做出了抉择。

4月23日，吴朗西从日本电台广播中获得信息，国民党的统治中心南京已经解放，解放军推进到了上海附近。他担心坐船回去太迟，如果上海解放，外轮就很难进港口了，便立即退掉船票，改乘飞机于 4 月 25 日回到上海。

由于改乘飞机，吴朗西只能把在日本购买的书籍托内山书店保存。后来张季飞去了日本，邮寄回来一部极为珍贵的法文版《天方夜谭》，这部烫金的豪华版《天方夜谭》共有 8 本，全国仅有两部，另一部存放在北京图书馆。这部书在"文革"抄家时被抄走，以后便再也找不到了。其余书籍则留在日本，后被张季飞卖掉。

1950 年初，吴朗西离开了华光公司。由于他所做的生漆交易对中日贸易有较大影响，加上他在日本有着各种社会关系，因此上级组织曾建议并动员他举家去日本，从事中日贸易活动，并将提供种种方便。但此时，他已回到了自己所钟爱的文学工作岗位，便婉言谢绝了组织的建议，继续做他的编辑与翻译工作。

"文革"十年，吴朗西经历了人生的巨大磨难。但他心中没有丧失对文学的爱，也没有丧失对编辑事业的钟情，当新时期到来后又焕发了新的青春。

除了笔耕不辍、勤勉翻译之外，他与年轻时代一样，十分关注社会的政治经济环境，提出了许多颇有超前意识的建议。

他与日本朋友探讨，将国内出版的优秀小说及文艺作品译为日语，在日本出版。他甚至还想与日本朋友合作，在日本开一家书店，以进一步发展中日文化交流。在周恩来总理逝世 10 周年之际，他设想组织一个读书会，学习周恩来一心奉公不徇私情的品德，发扬"我为人人，人人为我"的精神，提倡讲民主，革独裁；讲实际，革浮夸；讲直谏，革吹捧的作风。

吴朗西以自己敏感的经营意识向立达学园校友会提出，可以在风景区建设度假村，以吸引外国游客，创收外汇。要知道，虽然度假村在 20 世纪 90 年代以后已经十分普遍，但在当时却是一件了不起的新鲜事。

此外，他还呼吁了另外一件在他看来至关重要的大事，那就是借助社会力量建立老人福利院。当时大家都还没有意识到我国即将慢慢进入老龄化社会，而他却想到了这一点。这也是他考虑了很长时间的一条建议。吴朗西主张号召全国人民每人每天节约一分钱，减少国家开支，将节约的钱建造养老院和为老年人办的福利事业。他对女儿吴西柳说："在社会上，有的子女很不孝顺父母，有的子女虽然孝敬父母，但工作太忙，对年老体弱多病的父母很难照料周到。现在提倡一对夫妻只生一个孩子，以后四位老人如何照应？还有些老人经济困难，所以社会上要多办养老院，老人进养老院是最好的出路。"

他的想法是，今后老年人不能光靠国家照顾，应该由自己来解决自己的困难，如果能设立一个老年人福利基金会，让人们从中年，甚至青年时代就参加积累资金，用以兴办医院、养老院等等老年服务设施，或能解决老有所托的问题。他要吴西柳写信给他的老朋友伍禅（当时是致公党副主席，全国人大代表），倡议更多的人关注此事。他还曾与好多朋友，包括年轻朋友谈过这些想法，甚至还想借助日本朋友的帮助，兴建老人院或老人医院。

对一个风烛残年而且行动艰难的老人而言，要解决如此重大的社会问题，既缺乏经济实力，又无权力支撑，实在是难以承担的重任。然而他那改良社会的热情和当仁不让的赤诚之心，让我们深深感动。

陈思和记述说："记得那天临别时，老人还兴致勃勃地说：'我是个理想主义者，我一生都充满幻想，创办老年人福利基金会，是最后一次幻想了……'说完这话的时候，他紧抿着厚厚的嘴唇，露出了天真得近似儿童的微笑。"①

的确，因为是一个理想主义者，吴朗西的一生都在为理想奋斗。因为是一个理想主义者，即使遇到再多的困难，也是虽九死而不悔。

"老骥伏枥，志在千里；烈士暮年，壮心不已。"在吴朗西先生的身上，我们看到的是他那颗永远不曾失去的赤子之心，看到的是他毕生努力将理想付诸实施的不变初心。

---

① 陈思和：《永远的浪漫——怀念吴朗西先生》，《星空遥远》，广东人民出版社 2018 年版，第 148 页。

吴朗西编辑出版大事年表

1904 年

10 月 6 日（农历八月廿七日），出生于四川开县。

1924 年　20 岁

暑假抵达杭州，投考之江大学，后被之江大学附属的高中部高三年级录取，同班同学中有陆蠡、许天虹、吴金堤等，后来都成为文化生活出版社工作人员与合作者。

读书期间，阅读了托尔斯泰、屠格涅夫等人的大量著作。

1925 年　21 岁

7 月，在上海江湾居处立达学园附近，开设了一家经销书籍、文具用品和杂货的小店，边营业边自学。

1926 年　22 岁

考入东京上智大学文学部攻读德国文学，主攻歌德研究。后又对苏联文学产生兴趣。读书期间与同为中国留学生的张易、庄重、黄源、伍禅等交往密切。

1927 年　23 岁

结识日本出版人中村有乐、中村伯三父子，过从甚密。

1928 年　24 岁

结识避居日本的著名左翼作家茅盾和编辑家毛一波。

1929 年　25 岁

应先期回国的黄源之求，寄德国作家格莱赛著《1902 年级》英译本，并留言鼓励他尽快翻译出版。后黄源译成此书，并于 1931 年由上海新生命书局出版。

1930 年　26 岁

读书之余，翻译了一些苏联的短篇小说及反映苏联合作化运动的纪实小说《布鲁斯基》等，开始向《现代中学生》杂志投稿。

1931 年　27 岁

翻译苏联著名作家伊林著《五年计划的故事》，译稿陆续寄给上海新生命书局，在《社会与教育》周刊连载。后来，上海新生命书局于 12 月出版了该书单行本（最终两章由陆蠡完成）。

九一八事变爆发，激发了满腔爱国热情，毅然放弃后来考取的优厚的庚款公费生待遇及马上就能获得的大学毕业文凭，中途辍学，和同学伍禅义无反顾地离开日本，抵达上海。

所译德国作家路易棱著《战后》由新生命书局出版。

1932 年　28 岁

因无合适的工作，以翻译维持日常生计。

一·二八淞沪抗战发生，闸北居所陷于炮火之中，应《小说月报》之请，为纪念歌德逝世 100 周年专号所写文章及译稿、书籍、笔记本等均付之一炬。

后经友人介绍，前往福建泉州平民初级中学任教，教授国文和英文。在泉州，与叶非英、丽尼以及到访三次的巴金等结下了深厚的友谊。

1933 年　29 岁

10 月，返回四川探望母亲。本准备去重庆大学任教，因无大学毕业文凭，只得赋闲在家。

1934 年　30 岁

年初，回到上海，由柳静的大哥柳溥庆介绍，担任《美术生活》杂志编辑。

4 月，与相识已有 10 年，也同在杂志社工作的柳静结婚。

9 月，创办刊出《漫画生活》，并以编者名义撰写了《开场白》。同时继续担任《美术生活》编辑工作。《漫画生活》创办之初，经友人茅盾介绍，约请鲁迅为之撰文。开始与鲁迅有了深入的交往。《漫画生活》第 2 期即载有鲁迅《说"面子"》一文。

10 月 5 日，《鲁迅日记》记载："上午寄漫画生活稿一篇。"这是《鲁迅日记》中与吴朗西有关的第一次记载。

1935 年　31 岁

3 月 23 日，鲁迅致日本友人增田涉信中对《漫画生活》杂志倍加赞赏。

同月，吴朗西、伍禅、丽尼创设文化生活出版社（简称"文生社"）。并邀请还在日本的友人巴金回国主持编辑事务。得到首肯后，以巴金名义主编的"文化生活丛刊"开始出版。

其中，美国约翰·史蒂尔著、许天虹译《第二次世界大战》，作为丛刊第一种在5月20日出版。法国纪德著、丽尼译《田园交响乐》，作为丛刊第二种在6月出版。苏联高尔基著、鲁迅译《俄罗斯童话》，作为丛刊第三种在9月出版。此后还有巴金译柏克曼的《狱中记》、巴金著《俄国社会运动史话》、吴朗西编译的《柏林生活素描》三书相继出版。9月21日，《申报》以半个版面刊登大红套色广告，介绍著名作家巴金主编的"文化生活丛刊"前6种书目。

9月15日，与鲁迅讨论"译文丛书"出版事宜。巴金、黄源、茅盾、黎烈文等人参加见面。《鲁迅日记》有"河清邀在南京饭店夜饭，晚与广平携海婴往，同席共十人"的记载。

10月8日，与黄源同去鲁迅家，签订"译文丛书"合同。商定以果戈理著、鲁迅译《死魂灵》，作为"译文丛书"首选出版，哈里德等著、茅盾译的《桃园》列第二。

这时的吴朗西仍在《漫画生活》杂志任编辑，每期都有著、译作品发表，包括：德国爱德华·奥斯门著、石生译《格先生的爱国心》（第5期），吴朗西著《奥纳夫古尔卜兰生及其作品》（第6期），奥纳夫古尔卜兰生著、静川译《过去》（第6期）、《威尔台孙》（第7期）、《过去》（续）（第7期）、《路易斯勒麦克士》（第8期）、《过去》（二续）（第8期）、《过去》（三续）（第9期）、《过去》（四续）（第10期），等等。石生、静川为吴朗西笔名。

为了能更好地集中精力投入文化生活出版社的工作，从《漫画生活》第11期起，不再任编辑工作。

11月，鲁迅译《死魂灵》作为"译文丛书"第一本正式出版。此书在文化生活出版社曾重版十余次。

1936 年　32 岁

年初，由亲戚吴晋航介绍，取得川康银行、和成银行上海分行的支持，各贷款 3000 元，使文化生活出版社的资金周转得到有效改善。

1 月，鲁迅创作的历史小说集《故事新编》收入"文学丛刊"第一集，由文化生活出版社出版。

5 月，俄国阿庚画、培尔那尔特斯基刻，鲁迅编选并作《小引》的《死魂灵百图》平装、精装两种由文化生活出版社出版。

同月 8 日，《鲁迅日记》有"吴朗西持白纸绸面本《死魂灵百图》五十本来，即陆续分赠诸相识者"的记载。

数月间，配合鲁迅以三闲书屋名义自费出版珂罗版《凯绥·珂勒惠支版画选集》，从文字的排印到托代装订成书，与鲁迅频繁接触，通力协作。

9 月，《凯绥·珂勒惠支版画选集》断版，为满足读者需要，鲁迅授权分精装、平装两种形式改版重印，作为文化生活出版社"新艺术丛刊"第一种于 10 月出版。

10 月 4 日，《申报》继续刊登广告，介绍文化生活出版社的 7 种丛书。

10 月 16 日，将赶制出来的《凯绥·珂勒惠支版画选集》精装本送交鲁迅。

10 月 19 日，鲁迅病逝。鲁迅逝世后，参与鲁迅葬仪的筹备工作，并和巴金、黄源、萧军、胡风、聂绀弩等人抬扶鲁迅灵柩上车。编出鲁迅先生纪念图片，以鲁迅先生纪念委员会名义由文化生活出版社出版。

秋，在福州路 436 号大公报营业部楼上设立文化生活出版社营业部。

1937 年　33 岁

七七事变后，为应变逐渐紧张的局势，将位于虹口区昆明路德安里 63 号的出版社办公处移往法租界巨籁达路（今巨鹿路）福润里 8 号。

7 月，赴四川重庆，筹备文化生活出版社迁川工作。

八一三事变爆发后，设立文化生活出版社重庆办事处，翻印、发行茅盾、巴金等在上海编辑出版的宣传抗日的《呐喊》、《烽火》周刊。

为纪念鲁迅逝世一周年，出版《鲁迅先生纪念集》。

年内，文化生活出版社上海业务暂时结束，伍禅回南洋，丽尼去内地，巴金赴广州筹设分社。

1938年　34岁

4月，离开重庆前往广州，与巴金商谈后，取道香港搭乘海轮于5月初返抵上海。

与陆蠡等商讨如何在孤岛上海重振文化生活出版社，决定兵分两路：一路由吴朗西、俞福祚、杨艳清在霞飞路（今淮海路）开设门市部，6月开始营业，除批发零售本版书外，还经销生活、开明等书店的外版图书、杂志，并悄悄地发售宣传革命和抗战的地下读物。另一路由陆蠡、朱洗、许粤华等筹备《少年读物》半月刊。

以静川为笔名撰《反正的故事》，刊《少年读物》第3期。撰《我们还不能去到墓前》，刊《少年读物》第4期"鲁迅纪念特辑"。

10月，应黎烈文之请，前去福建协助筹备改进出版社。中旬，乘海轮赴福州，带去一批价值颇巨的文化生活出版社本版图书，准备出售。这批书后来大部分售去，书款汇往上海，对总部重振出版业务起到了极大的支持作用。

10月19日，鲁迅逝世两周年纪念日，和黎烈文、郁达夫一起到戚继光庙宇内参加纪念活动，会后照相留念。

10月，广州沦陷后，巴金又去桂林筹设文化生活出版社分社。

11月，《少年读物》半月刊出至第六期，被日寇通过法租界当局封闭，同时文化生活出版社门市部也遭遇劫难。

本年，吴朗西辗转于渝、粤、沪、闽期间，柳静在叶圣陶等人的支持下，在重庆沙坪坝开了一家以经销教科书为主的书店，取名互生书店。开张后，影响颇为可观。

1939 年　35 岁

1月，改进出版社从福州迁往永安。

3月，出版社在永安、三元两地相继成立门市部，黎烈文任经理，吴朗西任副经理。

6月，又在长汀设立改进出版社新的门市部。

在《改进》月刊创刊号上发表一篇译自德文杂志的关于战时工业的文章。

后从黎烈文处得知，国民党特务一直关注他的行踪，同时考虑到改进出版社事已办妥，便回到重庆。

1940 年　36 岁

1月，创办重庆沙坪坝消费合作社，任总经理，后又兼任重庆市消费合作社联社主席，同时还陆续开办合作社信用储蓄部，建造了合作新村等，此项工作一直延续到1945年。

受命开办和成银行重庆沙坪坝办事处，任主任。这一工作客观上为恢复文化生活出版社的运营做了资金上的准备。

10月，巴金从昆明来重庆。

1941 年　37 岁

3月，与巴金、靳以商谈文化生活出版社重庆分社事，聘田一文为经理。除陆续重印原在上海出版的著译外，排印了靳以主编的"烽火丛书"新著和《文丛》半月刊，并委托书店代为经销。

1942 年 38 岁

获悉留守在上海文化生活出版社的陆蠡遭日寇逮捕的消息，与巴金等万分焦急。

5 月底，受重庆和成银行总行委派，赴广西柳州开办和成银行柳州办事处。其间，转道桂林，和巴金商讨营救陆蠡，未果。陆蠡从此与朋友们失去了联络。

六七月间，通过熟人介绍，在重庆的民国路（今八一路）21 号租到三开间两楼一底楼房一幢，作为文化生活出版社重庆分社办公新址，出版社人员、规模均大为改观。

九十月间，由柳州返回重庆，得知陆蠡出狱即失踪的信息，更感问题严重。

同年，文化生活出版社重庆分社要进行商业登记，需按法定手续对股东和资金两项进行申报。为纪念陆蠡，出版社以吴朗西、李尧棠（即巴金）、陆圣泉（即陆蠡）的名义各出资 2000 元，作为股本合伙经营。文化生活出版社重庆分社就按此申报，领到了营业执照。

1943 年 39 岁

任和成银行重庆总行业务专员；代理和成银行化龙桥办事处主任半年。

柳静为支持消费合作社开办信用储蓄部，关掉互生书店，把铺面交给合作社使用。

年底，因和成银行柳州办事处主任请假，暂代职务。到任不久，即让文化生活出版社桂林分社经理李济生来柳州向银行贷了一笔款，使桂林分社增加活力，业务得到拓展。

1944 年 40 岁

年初，原柳州办事处主任到职，遂结束代理工作返回重庆。途经贵阳，探望好友汤独新，知其经济拮据，回重庆后就请文化生活出版社寄去一笔钱，以解燃眉之急。

秋，日军入侵广西，文化生活出版社桂林分社除早期抢运出一批纸型外，全部毁于大火。工作人员全部抵达重庆，新婚不久的巴金夫妇一同到达，居住在重庆分社内。

同年，为扩大文化生活出版社重庆分社外地读者订户，方便邮购，通过金融业的关系委托和成、美丰两家银行所属各分支机构，设立"基本读者往来户"，代收订户基金，这一举措拓宽了业务，扩大了宣传，使得出版社声誉倍增。

同年，筹划成立中国文化合作公司。

1945 年　41 岁

年初，受和成银行总行委派去重庆北碚开办办事处到九十月间。

春，刘琨水通过吴克坚请示周恩来、董必武，得到他们的积极支持。后吴朗西、巴金、田一文等共同努力，成立了中国文化合作公司，吴朗西任总经理，刘琨水任副总经理，李济生等三人为副经理，向银行贷款200万元作为开办费，得到文化生活出版社、开明书店、商务印书馆、三联书店等出版单位的授权，以先赊书后结账的方法，解决资金不足的困难。

夏，为防止或少受国民党的干扰，公司聘李石曾为董事长。举行了近二百人的宴会，邀请李石曾及各出版单位的负责人、新闻记者等，宴会由吴朗西主持，郑重宣告成立公司的宗旨、目的和实施计划。但不久，公司还是被迫停业。

11 月，以和成银行总行业务专员名义去上海分行，抵沪后与朱洗、吴金堤、杨挹清、毕修勺等共商恢复上海文化生活出版社事宜，拟等巴金来沪后，齐心协力重振文化生活出版社。

1946 年　42 岁

撰《复刊词》，刊于 1946 年 1 月出版的《少年读物》第 2 卷第 1 期复刊号（发行人吴朗西，发行所为中国文化合作公司）。

抗战胜利后，巴金返沪，重庆文化生活出版社由李济生负责，一直到 1949 年 10 月结束。

2 月，受命去南京筹设和成银行南京分行。5 月，担任创办分行的经理，在中华路 161 号（原中央大学南大门对面）开设信用储蓄部。

为顾全新生的文化生活出版社的完整与合作，经朱洗从中斡旋，最后协商决定文化生活出版社的社务暂交巴金全面管理，为期两年。后巴金实际全面主持工作三年有余。

确悉陆蠡已牺牲，遂按月以陆蠡的名义为他的父母寄去生活费（后公私合营时，特划定文化生活出版社总股本的五分之一为陆蠡纪念股，将纪念股的定息用于贴补陆蠡家属生活之用）。

12 月，与柳静陪同和成银行总经理赴台湾参观访问，并造访朱洗、马宗融、吴克刚以及黎烈文、许粤华等老友。

1947 年　43 岁

2 月，到上海，与巴金等商量改组文化生活出版社为股份公司。

下半年与张季飞等人筹设专门从事国际贸易的华光贸易公司。

1948 年　44 岁

11 月，华光贸易公司扩大规模，重庆为总公司，上海为分公司，出任上海分公司经理。

1949 年　45 岁

1 月，代表华光贸易公司赴日本东京进行中日贸易，向日本水田漆行、斋藤漆行销售生漆。此举得到日本友人内山完造的建议和支持。

向母校东京上智大学同学会捐款。

4月21日，南京解放。四天后即乘飞机离东京返回祖国，迎接上海的解放。

5月上海解放后，华东军政委员会外贸局希望他赴日继续经营对日贸易，但经过思考，他决定留下来仍从事文化出版事业，贸易公司由他人负责。

本年翻译苏联K.朱可夫斯基著《好医生》一书，1949年11月开明书店出版，1950年4月再版。

1950年 46岁

2月，文化生活出版社董事长朱洗召开董监联席会议，成立社务委员会。被大家一致推选为主任委员，全权负责编辑与出版工作。

自此时起，辞去其他所有兼职，每月在文化生活出版社领取工资150元。

4月，因事到武汉，与老友丽尼等相见。

9月，作为上海出版界的代表，赴京出席出版总署召开的新中国首届全国出版界工作会议，并拜访张庚、蔡若虹、曹禺等。

翻译苏联A.托尔斯泰改作的《无赖的母山羊》，又译苏联北方民族故事《金角鹿》，以上两书均在9月由文化生活出版社出版。

1951年 47岁

编译德国卜劳恩漫画集《父与子》和挪威古尔布兰生《童年与故乡》两书，丰子恺书写文字，6月由文化生活出版社出版。

1952年 48岁

10月31日，加入中国民主促进会，任新闻文艺出版支部主任委员。

下半年，建议文化生活出版社参加公私合营，获董事会通过，向出版局提出书面申请。

1953 年　49 岁

翻译瑞典塞尔玛·拉格勒夫著《里尔斯历险记》，9 月由文化生活出版社出版。

与丰子恺等合译蒙古达姆定苏连著《蒙古短篇小说集》，11 月由文化生活出版社出版。

内山完造抵沪，与丰子恺同去拜访，并一起到虹口寻访鲁迅的足迹。

1954 年　50 岁

7 月，文化生活出版社正式并入新文艺出版社，实行公私合营。任外文编辑室副主任，分管欧美文学，直至 1966 年"文革"前夕。

翻译德国舍格弗利得·瓦格纳著《华尔特和钢铁巨人》，12 月由少年儿童出版社出版。

1955 年　51 岁

翻译德国弗利德利希·沃尔夫著《沃尔夫童话集》，4 月由新文艺出版社出版。

1956 年　52 岁

9 月，著《片断的回忆》怀念鲁迅，载《文艺月报》9 月号。

翻译捷克木偶电影故事《不爱理发的国王》，10 月由少年儿童出版社出版。

11 月，陪同内山完造赴虹口公园新建的上海鲁迅纪念馆参观。

1957 年　53 岁

为钱春绮译《诗歌集》精选插图。

翻译德国斯托姆著《鹦鹉的故事》，3 月由少年儿童出版社出版。

1958 年　54 岁

翻译波兰列昂·巴斯特纳克所著剧本《31 号火车头》，2 月由新文艺出版社出版。

1959 年　55 岁

内山完造应邀来京参加中华人民共和国成立 10 周年庆典，不幸病逝。与丰子恺一起参加内山完造葬礼。

1960 年　56 岁

翻译捷克瓦·柯瓦尔著《波得、我和原子》，2 月由少年儿童出版社出版。

1961 年　57 岁

将鲁迅手绘《死魂灵》封面设计图捐赠给上海鲁迅纪念馆。

1964 年　60 岁

为出版社赴京约稿，同行有包文棣、高宗文等人。访戈宝权、李健吾、老舍、汝龙、丽尼等。

将珍藏的鲁迅亲自设计的《死魂灵百图》扉页手迹捐赠给上海鲁迅纪念馆。

1966 年　62 岁

"文革"开始。被迫接受"审查"，在较长时间内参加新闻出版系统的

"五七"干校，去奉贤海滨农场劳动。

1972 年　68 岁

秋，自奉贤海滨"五七"干校奉调返沪，到上海人民出版社参加集体编译组，翻译有关国际问题的图书，长达四年之久。共译有《田中角荣传》、《吉田学校》、《角福火山》、《故乡》（日本电影剧本）等多种，均由上海人民出版社出版。

1974 年　70 岁

秋，与柳静同去北京，拜访茅盾、叶圣陶及柳静长兄柳溥庆等。

11 月，办理退休手续。翻译工作仍在继续。

1975 年　71 岁

9 月 19 日，参加丰子恺告别仪式。之前曾与黄源同去探望病重的丰子恺。

1976 年　72 岁

6 月，和柳静等参观上海鲁迅纪念馆。

1977 年　73 岁

春，接待王锡荣等为注释编辑出版《鲁迅全集》事来访。

8 月 12 日，访鲁迅纪念馆。

1978 年　74 岁

6 月，开始译《二年生の日本あへさし》，月底译完。

7 月，开始译《一年生のイソブフそテお》，译《伊索童话》毕。

9 月，译日本《よシバちし》。

9 月 27 日，巴金收到吴朗西信。

10 月 1 日，吴朗西与柳静访巴金。

11 月 3 日，巴金复吴朗西信。

1979 年　75 岁

1 月 2 日，翻译《日本民间传说》。

3 月 3 日，翻译《女风神的恶作剧》。

9 月 20 日，同柳静去万国公墓祭扫内山完造墓。晤巴金等人。

1980 年　76 岁

1 月 1 日，撰写《父与子》新编后记。

3 月 12 日，撰写《文生社创业三年琐记》。

11 月，接上海市出版局通知，明确原来的成分为职员。

1981 年　77 岁

2 月，翻译《芦苇船"拉号"的冒险》。

6 月 1 日，撰写《爷爷自己的故事》。

6 月，撰写《鲁迅先生与文化生活出版社》，刊鲁迅博物馆鲁迅研究室编《鲁迅诞辰百年纪念集》，1981 年 7 月由湖南人民出版社出版。

8 月 17 日，撰写《鲁迅先生笑了》。

8 月 28 日，福建泉州平民中学重建并更名为黎明学园，特捐赠珍藏的百衲本《二十四史》一部，并呼吁各出版社捐献图书。

被聘为四川重庆外语学院编辑的《世界儿童》杂志顾问。

9 月 25 日，参加鲁迅诞辰 100 周年纪念大会。

9 月 28 日，参加内山书店原址勒石揭碑仪式。

12 月 20 日，收到日本东京上智大学的邀请信，邀请参加 1982 年 5 月

30 日举行的纪念第一届毕业生毕业 50 周年的活动。

是年，多次接待复旦大学中文系陈思和、李辉为做文化生活出版社个案研究来访。

1982 年　78 岁

4 月 1 日，撰写《日本就学琐记》。

4 月，撰写《文化生活出版社的创建》，刊《新文学史料》1982 年第 3 期。

撰写《忆平中》，后刊泉州黎明学园编《信息》1984 年第 6 期。

因健康原因，未能前往日本参加东京上智大学庆典活动，由在日本读书的幼子吴念圣代表出席，并将上智大学资助其夫妇的款项，以吴朗西的名义，捐赠给该校图书馆，表达对母校的谢意。

11 月 26 日，撰写回忆录《我在日本》。

1983 年　79 岁

1 月 7 日，将回忆录更名为《东瀛忆旧录》。

《文化生活出版社的创建》一文，由日籍青谷政明译成日文，在东京《中国研究日报》1983 年 2 月号发表。

翻译日本名著《天女的羽衣》（与吴念圣合作），9 月由少年儿童出版社出版。

10 月 2 日内山完造胞弟、版画家内山嘉吉抵沪，和王宝良等去锦江饭店会晤，出版局吉少甫、国际书店邵占义设晚宴招待。

1984 年　80 岁

1 月 18 日，开始翻译《八犬传》。

3 月，李济生陪来沪的田一文来访。

撰写《记文化生活出版社的人和事——怀念陆圣泉》，刊《出版史料》1984 年第 3 期。

1985 年　81 岁

7 月 3 日，口述《内山さんをあぐる二つの回想》，内山完造侄儿内山篱记录，刊《邬其山》1985 年第 9 号。

10 月 14 日，参加著名生物学家、中国科学院上海细胞生物学研究所所长朱洗塑像揭幕仪式。

10 月，与柳静和上海鲁迅纪念馆人员，为纪念内山完造逝世 26 周年，共赴万国公墓祭扫内山完造墓。

11 月 15 日，20 年代在日本东京上智大学读书时的日本友人中村伯三得悉吴朗西地址，专程自日本来到上海。次日，由次子吴念祖陪同参观鲁迅纪念馆。欣喜之余，作《喜重逢——赠伯三老友》诗。

1986 年　82 岁

撰写《忆饭森正芳先生及其他》，刊《编辑学刊》1986 年第 2 期。

撰写《敬佩的产物》，赵莹整理，刊 1986 年 8 月上海《书讯报》。

10 月，接待萧军、丁景唐来访。

11 月，为《怀念集》第 1 辑（即创刊号）题词：爱祖国、爱真理；争自由、争民主。爱憎并存，自力更生。

1987 年　83 岁

7 月，所撰《忆平中》，再载《怀念集》第 2 辑。

将珍藏了半个世纪的鲁迅所赠《凯绥·珂勒惠支版画选集》（编号本）和《死魂灵百图》装帧样本捐给鲁迅纪念馆。

是年，鲁迅纪念馆人员往访于吴寓，谈话做了录音，后由长女吴西柳进行整理。

1988 年　84 岁

6 月 15 日，日本《朝日新闻》载文赞颂吴朗西与中村伯三跨越半个世纪的友情。

6 月 29 日，接待中村伯三来访，黄源陪同。

1989 年　85 岁

3 月，吴克刚来家中访问。

秋，许粤华来家中访问。

重译的瑞典塞尔玛·拉格洛夫所著《尼尔斯骑鹅旅行记》（上），12 月由上海译文出版社出版。

1990 年　86 岁

所译德国弗里德里希·沃尔夫的《彩兔》，3 月由上海译文出版社出版。

4 月，内山篱及其母亲内山松藻来家中访问。

《我与上海鲁迅纪念馆——有关两本捐赠画册的回忆》谈话，由长子吴念鲁记录整理，刊于 12 月出版的《四十纪程（1951—1991）》一书。

1992 年　88 岁

1 月 1 日，陆蠡女儿陆莲英来访。

2 月 20 日，因病逝世。

3 月 7 日，在龙华殡仪馆举行追悼会。参加追悼会的有上海市新闻出版局、中国民主促进会上海市委员会、泉州黎明学园、上海立达学园校友会、上海文艺出版社、上海译文出版社、上海古籍出版社、上海鲁迅纪念馆等单位的领导及亲朋好友共七十余人。巴金、毕修勺、赵家璧等送了花篮、花圈。

日本友人东京上智大学同学会会长渡边慎介及诸桥晋六、明治大学菱沼透、东京大学藤井省三、东京内山书店社长内山篱等也都送来花篮、花圈。挚友中村伯三携全家专程来沪参加追悼会。

1999 年

9月，上海鲁迅纪念馆朝华文库设"吴朗西专库"。"吴朗西专库"五个字由黄源题写。

参考文献

《巴金全集》，人民文学出版社 1991 年版。

《巴金译文全集》，人民文学出版社 1997 年版。

陈思和：《人格的发展——巴金传》，上海人民出版社 1992 年版。

陈思和：《星空遥远》，广东人民出版社 2018 年版。

陈子善：《不日记三集》，山东画报出版社 2017 年版。

黄源：《鲁迅书简漫忆》，《西湖》文艺编辑部 1979 年版。

纪申：《记巴金及其他——感想·印象·回忆》，宁夏人民出版社 1994年版。

姜德明：《流水集》，上海远东出版社 2000 年版。

《靳以选集》，四川人民出版社 1983 年版。

李济生编著：《巴金与文化生活出版社》，上海文艺出版社 2003 年版。

《鲁迅全集》，人民文学出版社 1991 年版。

鲁迅博物馆鲁迅研究室编：《鲁迅诞辰百年纪念集》，湖南人民出版社1981 年版。

乔丽华：《吴朗西画传》，中国福利会出版社 2004 年版。

上海鲁迅纪念馆编:《吴朗西先生纪念集》,上海文艺出版社 2000 年版。

孙晶:《文化生活出版社与现代文学》,广西教育出版社 1999 年版。

孙晶:《中国出版家·巴金》,人民出版社 2016 年版。

王建辉:《出版与近代文明》,河南大学出版社 2006 年版。

姚福申:《中国编辑史》,复旦大学出版社 1990 年版。

附　录

鲁迅日记所载与吴朗西来往录

1934 年

10 月 30 日　　吴朗西邀饮于梁园，晚与仲方同去，合席十人。

1935 年

7 月 6 日　　下午得吴朗西信并《漫画生活》稿费七元。

8 月 22 日　　得吴朗西信并《俄罗斯童话》校稿一帖，至夜校毕。

8 月 24 日　　上午复吴朗西信并还校稿。

8 月 25 日　　得吴朗西信，即复。

9 月 11 日　　得吴朗西信并《俄罗斯童话》十本，夜复。

9 月 15 日　　河清邀在南京饭店夜饭，晚与广平携海婴往，同席共十人。

10 月 8 日　　晚吴朗西、黄河清同来，签订译文社丛书约。

10 月 20 日　　寄吴朗西信并《〈死魂灵〉序》译稿。

10 月 25 日　　寄吴朗西信并校稿。

10 月 28 日　　夜吴朗西来。

10 月 29 日	得吴朗西信并校稿。
10 月 30 日	得吴朗西信并校稿。
10 月 31 日	夜吴朗西来。
11 月 2 日	下午吴朗西来。
11 月 11 日	吴朗西来。
11 月 12 日	寄吴朗西信。
11 月 16 日	上午吴朗西来并赠《死魂灵》布面装订本五本。
12 月 3 日	晚吴朗西来交版税泉五十，赠《桃园》二本、《文学丛刊》三种各一本。
12 月 21 日	晚吴朗西来。
12 月 28 日	夜吴朗西来并见赠漫画《Vater und sohn》一本。

1936 年

2 月 21 日	晚吴朗西来并赠四川糟蛋一罐。
2 月 28 日	晚吴朗西来并付《故事新编》等版税泉二百五十八元。
3 月 11 日	夜朗西来。
3 月 24 日	晚吴朗西来。
3 月 28 日	寄吴朗西信。
4 月 1 日	夜吴朗西来。
4 月 6 日	寄吴朗西信。
4 月 9 日	吴朗西来。
4 月 25 日	寄吴朗西信。
5 月 1 日	夜朗西来。
5 月 2 日	寄吴朗西信。
5 月 5 日	寄吴朗西信。
5 月 8 日	吴朗西持白纸绸面本《死魂灵百图》五十本来，即

	陆续分赠相识者。
5月9日	寄吴朗西信。
5月15日	上午吴朗西来。
5月28日	上午寄吴朗西信并校稿。
6月1日	上午得吴朗西信并校稿。
7月2日	得吴朗西信并《珂氏版画集序》印本百余枚。
7月4日	下午吴朗西来。
7月11日	上午寄吴朗西信。
7月12日	午吴朗西来并赠《GOETHES Reise，Zerstreuung und Trostbüchlein》一本。
7月14日	吴朗西来。
7月21日	午后吴朗西来。
7月23日	午前吴朗西来并补文化生活社（即文化生活出版社——本书作者注）版税八十四元，并为代托店订《珂勒微支版画选集》（即《凯绥·珂勒微支版画选集》——本书作者注）百三本。
8月7日	吴朗西来。
8月19日	吴朗西来。
9月14日	晚吴朗西来。
9月15日	上午寄吴朗西信。
9月26日	上午寄吴朗西信。……晚吴朗西来并赠再版《死魂灵》特制本一本。
9月29日	晚吴朗西来。
10月9日	午后吴朗西来。
10月12日	晚吴朗西来。
10月16日	晚吴朗西来。

后　记

这是一本写了太久的书。

三年前就接受了写作任务，但是因为种种原因，断断续续，进展十分缓慢。每每接到贺畅老师询问创作进度的电话，心中就一阵愧疚，尴尬至极。

我本是个急性子，接受的任务总希望在第一时间完成。那么，这本书的写作何以拖了这么长的时间呢？

本书传主吴朗西，是中国现代出版史上著名的出版人，一生从事过大量的出版工作。而他最重要的贡献，就是创建了颇具历史影响的文化生活出版社。应该说，这样一位重要人物的生平资料和研究成果已经很多，可是，恰恰因为他是中国现代出版史上的热门人物，所以前人的研究也就相对比较完备和深入了。

比如，早在 20 世纪 80 年代，我的博士研究生导师陈思和教授、师叔李辉老师及几位学界前辈，就有关于吴朗西研究的文章问世，这些成果早就被广为引用，影响巨大。而近年来，关于吴朗西先生生平事迹和出版活动的第一手资料却没有更多的新发现。因此，为了避免重复，努力写出新意，我在写作的过程中，就经常会为缺乏新的材料而搁笔。

幸运的是，我得到了吴朗西公子、日本早稻田大学现代中国文化研究所特聘研究员吴念圣老师的鼎力帮助。在与吴念圣老师的面对面交流中，我对吴朗西先生创建文化生活出版社有了更真切的感受，也了解到一些历史事件的细节。本书的"吴朗西编辑出版大事年表"，就是根据吴念圣老师所撰《吴朗西年谱》及其他研究资料选编而成。吴念圣老师还特别将他撰写好的未刊论文交给我，让我对有关的史料及考证有了更多了解。同时，我还得到了《吴朗西画传》的作者、鲁迅纪念馆乔丽华老师的诸多指点，并蒙她相助，得以将与吴朗西先生有关的一些珍贵照片用于这本书中。书中还有一些插图由吴念圣老师提供。更感荣幸的是，在深入交流了吴朗西研究的心得后，知名出版史研究专家、复旦大学姚福申教授慨然同意跟我合作，并将他在吴朗西研究方面的独到发现和深入思考集中体现在这本书里。

以上各位的慷慨帮助，给了我努力前行、继续笔耕的动力，后来的写作也就相对顺利多了。

关于书稿，还有几点需要在这里加以说明。

首先，因为本书是"中国出版家"系列中的一种，所以着眼的重点自然应该是吴朗西先生从事出版活动的经历。但吴朗西先生不是一个纯粹的出版人。他不仅在许多领域都有建树，而且这些跨界的工作也在客观上支持了他的出版，比如他的金融业务等等，因此在本书中，对这一部分经历也有所涉及。

其次，在文化生活出版社的工作中，巴金、陆蠡等都曾经独当一面，因此本书有些章节对他们的描写占了比较大的篇幅，而对传主吴朗西的描写反而显得少了。我希望不至于引起喧宾夺主的误解。因为，巴金等人在中国现代出版史上所做的巨大贡献，很大程度上恰恰得益于吴朗西为他们所搭建的平台和知人善任的出版家素质。

再次，本书的叙述基本上是按照时间顺序线性展开。但许多事件的发生发展，许多人物的出场和退场，经常是错位、交叉的；同一件事、同一个人物，在不同的叙述者眼里也会呈现不同的侧面。为了从不同的侧面展示吴朗西先生的人生轨迹，进而更立体地揭示其出版理念，书中的"时间线"有时可能会显得不那么清晰。在此，还望能得到读者的谅解。

最后，由于《中国出版家·巴金》出版在前，为避免重复，吴朗西与巴金两位先生共同参与的有些事件，在这本书中就做了适当的减省。这也是需要特别说明的。

当年，在写作《中国出版家·巴金》时，我便常常为巴老他们的精神所深深打动。今天，在这样一个特殊的年份完成这本《中国出版家·吴朗西》，一方面更加为那一代出版人无私奉献与不懈奋斗的精神所感染，另一方面也感动于当下出版人的昂扬斗志与执着追求。衷心期待中国的出版物有更多的读者，中国的出版人有更宽广的天地，中国的出版事业有更美好的未来。

孙　晶

2020 年 6 月

统　　筹：贺　畅

责任编辑：周　颖

封面设计：肖　辉　姚　菲

版式设计：汪　莹

图书在版编目（CIP）数据

中国出版家.吴朗西/孙晶，姚福申 著.—北京：人民出版社，2022.4

（中国出版家丛书/柳斌杰主编）

ISBN 978－7－01－023187－7

I.①中…　II.①孙…②姚…　III.①吴朗西（1904～1992）－生平事迹

IV.① K825.42

中国版本图书馆 CIP 数据核字（2021）第 033149 号

中国出版家·吴朗西

ZHONGGUO CHUBANJIA WU LANGXI

孙　晶　姚福申　著

人 民 出 版 社 出版发行

（100706　北京市东城区隆福寺街 99 号）

北京盛通印刷股份有限公司印刷　新华书店经销

2022 年 4 月第 1 版　2022 年 4 月北京第 1 次印刷

开本：710 毫米 ×1000 毫米 1/16　印张：12.5

字数：144 千字

ISBN 978－7－01－023187－7　定价：53.00 元

邮购地址 100706　北京市东城区隆福寺街 99 号

人民东方图书销售中心　电话（010）65250042　65289539